A TRAGÉDIA DE
MACBETH

WILLIAM SHAKESPEARE

A TRAGÉDIA DE MACBETH

Tradução e notas
ALDA PORTO

© *Copyright* desta tradução: Editora Martin Claret Ltda., 2013.

DIREÇÃO
Martin Claret

PRODUÇÃO EDITORIAL
Carolina Marani Lima / Mayara Zucheli

DIREÇÃO DE ARTE
José Duarte T. de Castro

ILUSTRAÇÃO DE CAPA
Weberson Santiago

DIAGRAMAÇÃO
Giovana Quadrotti

TRADUÇÃO E NOTAS
Alda Porto

REVISÃO
Waldir Moraes

IMPRESSÃO E ACABAMENTO
Bartira Gráfica

Este livro segue o novo Acordo Ortográfico da Língua Portuguesa.

Dados Internacionais de Catalogação na Publicação (CIP)
(Câmara Brasileira do Livro, SP, Brasil)

Shakespeare, William, 1564-1616
 A tragédia de Macbeth / William Shakespeare; tradução e notas Alda Porto. — São Paulo: Editora Martin Claret, 2018.

Título original: The tragedy of Macbeth
ISBN 978-85-440-0171-4

1. Teatro inglês I. Porto, Alda. II. Título.

17-10530   CDD-822.33

Índices para catálogo sistemático:
1. Teatro: Literatura inglesa   822.33

EDITORA MARTIN CLARET LTDA.
Rua Alegrete, 62 – Bairro Sumaré – CEP: 01254-010 – São Paulo, SP
Tel.: (11) 3672-8144 – www.martinclaret.com.br
2ª reimpressão – 2023

SUMÁRIO

Breve biografia de Shakespeare e contexto da peça   7

A TRAGÉDIA DE MACBETH

Primeiro ato

Cena I: Um lugar deserto   15
Cena II: Um campo perto de Forres. Toque de trombeta
e soldados que combatem fora de cena   16
Cena III: Uma charneca perto de Forres   19
Cena IV: Forres. O palácio   27
Cena V: Inverness. Castelo de Macbeth   29
Cena VI: Inverness. No pátio do castelo de Macbeth.
Toques de oboé e tochas   32
Cena VII: Inverness. Castelo de Macbeth   34

Segundo ato

Cena I: Inverness. Pátio no interior do castelo   37
Cena II: O mesmo cenário   40
Cena III: O mesmo cenário   44
Cena IV: O mesmo cenário. Do lado de fora do castelo   52

Terceiro ato

Cena I: Forres. Um aposento no palácio   57
Cena II: Ainda no palácio   63

Cena III: Ainda em Forres. Um parque florestal
próximo ao palácio. 65
Cena IV: Um salão do palácio. Palco arrumado com
mesa posta para o banquete 68
Cena V: A charneca. Trovão 76
Cena VI: Algum lugar na Escócia 77

Quarto ato

Cena I: Uma caverna. No meio, um caldeirão
borbulhante. Trovões 79
Cena II: Fife. Castelo de Macduff 87
Cena III: Inglaterra. Um salão no palácio do rei Eduardo 92

Quinto ato

Cena I: Dunsinane. No interior do castelo 103
Cena II: O campo perto de Dunsinane. Tambores e
bandeiras 107
Cena III: Dunsinane. Um aposento no castelo 108
Cena IV: Campo perto da floresta de Birnam 112
Cena V: Dunsinane. No interior do castelo 113
Cena VI: Dunsinane. Campo próximo ao castelo.
Tambores e bandeiras 115
Cena VII: Dunsinane. Campo diante do castelo.
Toques de alarme 116
Cena VIII: Castelo de Dunsinane 118
Cena IX: Retirada. Sons de corneta 121

Breve biografia de Shakespeare e contexto da peça

O mais influente escritor de toda a literatura inglesa, William Shakespeare, nasceu em 1564, filho de um bem-sucedido fabricante de luvas, de classe média, em Stratford-upon-Avon, Inglaterra. Frequentou a escola secundária, mas não prosseguiu em sua educação formal. Em 1582 casou-se com uma mulher mais velha, Anne Hathaway, e teve três filhas com ela. Por volta de 1590, deixou a família e viajou para Londres a fim de trabalhar como ator e dramaturgo. A aclamação do público e da crítica logo se seguiu, o que acabou por tornar Shakespeare o mais popular teatrólogo da Inglaterra e coproprietário do Globe Theater. Sua carreira estendeu-se pelos reinados de Elizabeth I (1558–1603) e James I (1603–1625), e ele era um favorito de ambos os monarcas. Na verdade, James expressou à companhia teatral de Shakespeare o maior elogio possível ao conceder aos seus membros o título de Homens do Rei. Rico e célebre, o dramaturgo aposentou-se em Stratford e morreu em 1616 aos 52 anos. Na ocasião de sua morte, autoridades literárias, como Ben Jonson, saudaram suas obras como eternas.

Macbeth foi, com maior probabilidade, escrita em 1606, no início do reinado de James I, que fora James VI da Escócia antes de se tornar rei da Inglaterra em 1603. De todas as peças que Shakespeare escreveu sob o seu reinado, *Macbeth* reflete com mais clareza a estreita relação do dramaturgo com o soberano. Ao pôr em evidência Macbeth, uma figura da história escocesa, Shakespeare prestou homenagem à linhagem escocesa do rei.

Reuniram-se e publicaram-se as várias obras de Shakespeare em diversas edições no século seguinte à sua morte, e, no início do século XVIII, a reputação como o maior poeta a escrever em inglês achava-se bem estabelecida. A admiração sem precedentes pelas obras do teatrólogo levou a uma intensa curiosidade sobre sua vida, mas a carência de informações biográficas deixou muitos detalhes da história pessoal de Shakespeare envoltos em mistério. Alguns concluíram desse fato e da modesta educação do dramaturgo que as peças de sua autoria foram na verdade escritas por outros — Francis Bacon e o conde de Oxford são os dois candidatos mais populares —, embora o embasamento para essa afirmação seja predominantemente circunstancial, e muitos estudiosos não levem a sério tal teoria.

Na ausência de dados confiáveis que provem o contrário, deve-se ver Shakespeare como o autor de 37 peças e 154 sonetos que trazem seu nome. O legado desse corpo de obras é imenso. Muitas das peças shakespearianas parecem ter transcendido até a categoria de brilhantismo tornando-se tão importantes a ponto de influenciar profundamente o curso da literatura e da cultura ocidentais para sempre.

Na mais curta e sangrenta tragédia de Shakespeare, *Macbeth*, além da natureza violenta da trama, o autor usa vários recursos literários para realçar o sentimento do mal. Cria uma atmosfera grave e sinistra ao narrar a maior parte da peça à noite. Há uma acentuada ênfase no sobrenatural (feiticeiras, sonhos, encantamentos e fantasmas). *Macbeth* conta a história de um valente general escocês que recebe a profecia de um trio de feiticeiras sinistras, as quais dizem que um dia ele se tornará rei da Escócia. Dominado por desejos ambiciosos e incitado à ação por sua mulher, Macbeth assassina o rei Duncan e apodera-se do trono. Começa seu reinado atormentado por culpa, medo, e logo se torna um governante tirânico, pois é obrigado a cometer cada vez mais assassinatos para proteger-se de inimizades e suspeitas. O banho de sangue impele rápido Macbeth e Lady Macbeth à arrogância, à loucura e à morte.

Na trama predomina a luta no íntimo de Macbeth entre sua ambição e a sensação de direito e injustiça; a luta entre o assassino cruel representado por Macbeth e Lady Macbeth e os melhores interesses da nação, encarnados em Malcolm e Macduff; a corruptora natureza; a relação entre crueldade e virilidade; a diferença entre monarquia e tirania. As personagens de Macbeth e Lady Macbeth, atormentadas e dilemáticas, sob o império da imaginação desnorteada (ou fantasia), alienam-se da realidade lógica e sucumbem a uma espécie de insanidade devastadora.

Embora *Macbeth* não seja a mais complexa peça de Shakespeare, é, sem a menor dúvida, uma das mais poderosas e emocionalmente intensas. Enquanto outras importantes tragédias, como *Hamlet* e *Otelo*, exploram de forma minuciosa os predicamentos intelectuais enfrentados por seus indivíduos e as sutis nuanças de suas personalidades, *Macbeth* desprende loucura e violência da abertura à conclusão. Trata-se de um brilhante e fundamental esboço que se alterna entre tema e personagem, e, como tal, tem chocado e fascinado plateias há mais de quatrocentos anos.

Alda Porto

A TRAGÉDIA DE MACBETH

Personagens

DUNCAN, rei da Escócia.
MACBETH, *thane** de Glamis e Cawdor e general do exército do rei.
LADY MACBETH, mulher de Macbeth.
MACDUFF, nobre da Escócia.
LADY MACDUFF, mulher de Macduff.
MALCOLM, primogênito de Duncan.
DONALBAIN, filho mais moço de Duncan.
BANQUO, barão de Lochaber, general do exército do rei.
FLEANCE, filho de Banquo.
LENNOX, nobre da Escócia.
ROSS, nobre da Escócia.
MENTEITH, nobre da Escócia.
ANGUS, nobre da Escócia.
CAITHNESS, nobre da Escócia.
SIWARD, duque de Northumberland, general das forças inglesas.
JOVEM SIWARD, filho do duque.
SEYTON, tenente-general de Macbeth.
HÉCATE, rainha das feiticeiras.
AS TRÊS FEITICEIRAS.
MENINO, FILHO DE MACDUFF.
Dama de companhia de Lady Macbeth.
Médico inglês.
Médico escocês.
Um sargento.
Um porteiro.
Um ancião.
O Fantasma de Banquo e outras Aparições.
Lordes, Cavalheiros, Oficiais, Soldados, Assassinos, Criados e Mensageiros.

CENÁRIO
Sobretudo na Escócia; e Inglaterra.

---

* Barão, senhor feudal que prestava serviço militar em troca de propriedade rural.

PRIMEIRO ATO

CENA I
Um lugar deserto.

(*Trovões e relâmpagos. Entram três feiticeiras.*)

PRIMEIRA FEITICEIRA
Quando nós três nos encontraremos de novo, sob trovão, relâmpago ou chuva?

SEGUNDA FEITICEIRA
Quando o ruidoso tumulto da batalha cessar, depois que um lado vencer e o outro perder.

TERCEIRA FEITICEIRA
Isso acontecerá antes do pôr do sol.

PRIMEIRA FEITICEIRA
Onde nos reuniremos?

SEGUNDA FEITICEIRA
No descampado da charneca.

TERCEIRA FEITICEIRA
Lá nos encontraremos com Macbeth.

(*As bruxas ouvem os chamados dos espíritos amigos ou "íntimos", que se assemelham a animais.*)

PRIMEIRA FEITICEIRA
Já vou, Graymalkin[1], gato velho e mau.

SEGUNDA FEITICEIRA
Meu grande e velho sapo Paddock[2] nos chama.

TERCEIRA FEITICEIRA (*Ao espírito.*)
Já!

TODAS
Belo é asqueroso e asqueroso é belo. Voemos acima do nevoeiro e em tempo muito ruim.

(*Desaparecem.*)

CENA II
Um campo perto de Forres. Toque de trombeta e soldados que combatem fora de cena.

(*Entram o rei Duncan, Malcolm, Donalbain, Lennox e séquitos. Encontram um soldado ferido.*)

DUNCAN
Quem é esse indivíduo ensanguentado? A julgar por sua desafortunada aparência, creio que muito pode informar-nos das últimas notícias sobre a revolta.

MALCOLM
É o sargento que, como bom e audaz soldado, combateu para que não me fizessem prisioneiro. Salve, valente amigo! Diz ao rei o que sabes da batalha desde que a deixaste.

---

[1] Graymalkin, palavra que se refere a um gato velho, muitas vezes empregada na Inglaterra como nome próprio de bichanos.
[2] Os gatos e sapos desempenhavam um papel muito importante na magia negra e na bruxaria.

SARGENTO
Por algum tempo, não dava para saber quem ia vencer naquela luta incerta. Os dois exércitos pareciam nadadores exaustos, agarrados um ao outro na água, prestes a sufocarem. O desprezível Macdonwald faz jus ao atributo de rebelde, pois, apoiado por soldados da infantaria ligeira da Irlanda e por cavaleiros das ilhas Hébridas, com os quais adquiriu múltiplas vilezas, e que enxameiam à sua volta para assim incitá-lo, ainda tinha a seu favor a dama Sorte, que sorria cruelmente para a maldita luta como se fosse a meretriz dele. A Sorte e Macdonwald juntos revelaram-se fracos demais, porém, porque o bravo Macbeth, digno desse nome como predileto da Coragem, a ambos desdenhou, brandiu a espada toda manchada de sangue e abriu passagem à força até ver-se diante do traidor Macdonwald, o qual não teve tempo de apertar-lhe a mão, nem de se despedir, antes de Macbeth rasgar seu corpo do umbigo ao queixo e fixar sua cabeça nas ameias de nosso castelo.

DUNCAN
Ó meu bravo primo, que guerreiro valoroso!

SARGENTO
Do mesmo ponto onde começa o sol a brilhar, irrompem os terríveis trovões e as tempestades que naufragam nossos navios. Assim, dessa mesma forma, nossos sucessos contra Macdonwald criaram novas adversidades para nós.

DUNCAN
E tal investida não intimidou nossos capitães Banquo e Macbeth?

SARGENTO
O novo desafio assustou-os como os pardais a águia, ou a lebre o leão. Na verdade, preciso informar que combateram o novo inimigo com duas vezes mais força que antes, pareciam canhões carregados com dupla munição, de tanto que redobraram os golpes nos inimigos. Se talvez ambos pretendessem banhar-se no sangue fétido dos inimigos, ou tornar o campo de batalha outro Gólgota, onde Cristo

foi crucificado, não sei. Mas me sinto muito fraco; meus ferimentos clamam por socorro.

DUNCAN
Tuas palavras te caem tão bem quanto os ferimentos, de ambas desprende-se honra. Vai, levai-o aos cirurgiões. (*Sai o Sargento, acompanhado.*) Quem vem lá? (*Entram Ross e Angus.*)

MALCOLM
O digno barão de Ross.

LENNOX
Com que grande afobação. A julgar-se pela sua atitude, parece alguém que tem estranhos relatos a fazer-nos.

ROSS
Que Deus salve o rei.

DUNCAN
De onde vens, digno barão?

ROSS
Venho de Fife, poderoso rei, onde as bandeiras norueguesas escarnecem do céu, e esfriam nosso povo. O próprio rei da Noruega, com terríveis números de homens, ajudados por aquele traidor muito desleal, o barão de Cawdor, comandou uma sangrenta batalha; até Macbeth, disfarçado como o marido de Belona,[3] e envolto em armadura impenetrável, enfrentou os ataques noruegueses, um por um, de tal modo que, espada contra espada, braço contra braço inimigo, curvou-lhe o espírito, e, em consequência, saímos vitoriosos.

DUNCAN
Que imensa felicidade!

---

[3] Deusa romana da guerra.

ROSS
Então agora Sweno, o rei norueguês, deseja uma trégua. Informamo-lo de que só concordaríamos até mesmo que enterrasse seus homens depois que ele se retirasse para a ilha de Saint Colme e nos pagasse dez mil dólares por perdas e danos gerais.

DUNCAN
O barão de Cawdor nunca mais trairá segredos que me são preciosos. Vai, ordena logo que o executem, e diz a Macbeth que os antigos títulos de Cawdor lhe serão concedidos.

ROSS
Mandarei executá-lo sem demora.

DUNCAN
O que o traidor perdeu, o valoroso Macbeth ganhou.

(*Saem.*)

CENA III
Uma charneca perto de Forres.

(*A charneca. Relâmpagos. Entram as três feiticeiras.*)

PRIMEIRA FEITICEIRA
Onde estiveste, irmã?

SEGUNDA FEITICEIRA
Fui matar porcos.

TERCEIRA FEITICEIRA
E tu, irmã?

PRIMEIRA FEITICEIRA
A mulher de um marinheiro tinha castanhas no colo; e mastigava, mastigava, mastigava.
— Dá-me um pouco — pedi-lhe. — "Fora, bruxa!", grita-me aquela gorda comedora de rebotalho. O marido para Alepo partiu como contramestre do *Tigre*. Mas numa peneira para lá rumarei e, como rato sem rabo,[4] farei, farei, farei meus feitiços contra ele!

SEGUNDA FEITICEIRA
Eu te darei um vento favorável à navegação.

PRIMEIRA FEITICEIRA
Quanta bondade de tua parte.

TERCEIRA FEITICEIRA
Eu mais alguns te darei.

PRIMEIRA FEITICEIRA
Já tenho controle de todos os outros ventos e dos portos em direção aos quais sopram. Conheço todos os cantos que bússolas e cartas marítimas indicam. Haverei de murchá-lo como feno. Não terá mais sequer um minuto de sono, pois não lhe baixarão as pálpebras nem de noite nem de dia, e viverá como um amaldiçoado. Extenuado de fadiga e muito angustiado durante uma semana, definhará de agonia. Embora o navio não vá desaparecer na tempestade, o mar revolto o jogará de lá para cá. Vede o que tenho aqui.

SEGUNDA FEITICEIRA
Mostra-me! Mostra-me!

---

[4] Quando uma feiticeira incorporava a forma de um animal, sempre lhe faltava o rabo, porque, se dizia, não existe no corpo humano parte correspondente da qual se possa modelar um rabo, como se faz do nariz o focinho, dos pés e das mãos as patas, e assim por diante.

PRIMEIRA FEITICEIRA
Tenho aqui o polegar de um capitão do mar, cujo navio soçobrou quando ele tentava voltar para casa.

(*Barulho de tambor fora de cena.*)

TERCEIRA FEITICEIRA
O tambor! O tambor! É Macbeth quem chega!

TODAS
De mãos dadas, nós, as três irmãs sobrenaturais, viajantes dos mares e terras, assim dançamos e rodamos sem parar. Três voltas para ti, três voltas para mim. E de novo três voltas para nove completar. Silêncio! O feitiço ficou pronto.

(*Entram Macbeth e Banquo.*)

MACBETH
Dia ao mesmo tempo tão desditoso e tão belo, jamais vi.

BANQUO
Que distância nos separa de Forres? (*Vê as três feiticeiras.*) Quem são essas criaturas de pele encarquilhada, com roupas tão bizarras, que não parecem habitar a terra, mas que nela se encontram? (*Às feiticeiras.*) Sois vós seres vivos? Algo com o qual os homens podem falar? Pareceis compreender-me, pois todas as três levam um dedo esquelético aos lábios encarquilhados. Deveis ser mulheres, só que vossas barbas impedem-me de confirmar se o são mesmo.

MACBETH
Falai, se souberdes: que tipo de criatura sois vós?

PRIMEIRA FEITICEIRA
Salve, Macbeth! Eu vos saúdo, barão de Glamis!

SEGUNDA FEITICEIRA
Salve, Macbeth! Eu vos saúdo, barão de Cawdor!

TERCEIRA FEITICEIRA
Salve, Macbeth, que rei haverá de ser no futuro imediato!

BANQUO
Meu caro Macbeth, por que te sobressaltas e pareces temer coisas que soam tão belas? (*Às feiticeiras.*) Em nome da verdade, sois ilusões fantásticas ou o que de fato pareceis? Aclamais meu digno companheiro com honrosos títulos recentes e predizeis a esperança de um futuro tão glorioso que também parece (concorda com esperança) tê-lo deixado arrebatado. Mas nada falais para mim. Se vós podeis ver as sementes do tempo e souberdes quais grãos brotarão e quais não, dizei-me, que não quero favores nem odiosos encantos.

PRIMEIRA FEITICEIRA
Salve!

SEGUNDA FEITICEIRA
Salve!

TERCEIRA FEITICEIRA
Salve!

PRIMEIRA FEITICEIRA
És inferior a Macbeth, porém também muito mais poderoso!

SEGUNDA FEITICEIRA
Menos venturoso que Macbeth, no entanto, muito mais venturoso!

TERCEIRA FEITICEIRA
Teus filhos serão reis, embora jamais vás sê-lo! Assim, salve, Macbeth e Banquo!

PRIMEIRA FEITICEIRA
Salve, Banquo e Macbeth, que todos os aclamem!

MACBETH
Esperai, oradoras imperfeitas. Contastes-me apenas parte do que quero saber. Permanecei e explicai-me mais. Sei que me tornei barão de Glamis porque herdei o título quando meu pai, Sinel, morreu. Mas como podeis chamar-me de barão de Cawdor, gentil-homem vivo, muito rico e poderoso? E parece-me de todo impossível, além mesmo dos limites de qualquer crença, tanto tornar-me rei, quanto barão de Cawdor. Como sabeis dessas estranhas informações e por que interrompeis nossa jornada nesta desolada charneca, com tais saudações proféticas? Eu vos exorto a que faleis.

(*Desaparecem as bruxas.*)

BANQUO
Da terra, como da água fervente, brotam borbulhas. Destas, devem ter-se originado as que acabamos de ver. Onde se evaporaram?

MACBETH
No ar rarefeito, os corpos que pareciam sólidos dissiparam-se no vento, como nosso alento. Ah, quisera eu que houvessem ficado!

BANQUO
Tens certeza de que essas criaturas das quais falamos aqui estiveram mesmo, ou, por ter comido a raiz de alguma planta insana, alucinamos?

MACBETH
Teus filhos serão reis.

BANQUO
Tu serás rei.

MACBETH
E barão de Cawdor também. Não foi o que elas disseram?

BANQUO
Nessas exatas palavras. Quem se aproxima?

(*Entram Ross e Angus.*)

ROSS
O rei recebeu com satisfação a notícia de teus sucessos, Macbeth. E, quando soube de tuas realizações pessoais no combate contra os rebeldes, expressou admirações e louvores conflitantes quanto ao que se deve a ti ou a ele. Emudecido por esse assombro, e ao rever todas as façanhas do mesmo dia, o rei com satisfação encontrou-te ao mesmo tempo em meio às decididas fileiras norueguesas, sem te intimidares com o que fizeste, estranhas imagens de morte. Tão abundantes quanto granizo, mensageiros sucederam-se a mensageiros, e cada um deles apregoava elogios a ti e derramava-os pela notável forma como defendeste o reino.

ANGUS
O rei enviou-nos para transmitir-te seus augustos agradecimentos, conduzir-te até ele apenas para proclamar a todos tua presença, não para te pagar.

ROSS
E como penhor das honras maiores que ainda te aguardam, ele ordenou-me a saudar-te em seu nome como barão de Cawdor: este título agora te pertence. Portanto, salve, nobre barão de Cawdor!

BANQUO
(*A Macbeth.*) Como? Pode o diabo dizer a verdade?

MACBETH
O barão de Cawdor ainda vive. Por que te diriges a mim com esse manto emprestado?

ANGUS
Aquele que foi o barão ainda vive, mas sob grave julgamento foi sentenciado à morte e merece perder a vida. Ignoro se foi porque se aliou ao rei da Noruega, ou se prestou aos rebeldes ajuda e informações secretas, ou se combateu ao lado de ambos nossos inimigos, para arruinar a Escócia. Mas suas traições, puníveis pela pena de morte, confessadas e provadas, significam seu fim.

MACBETH (*Fala a si mesmo à parte.*)
Glamis e barão de Cawdor... O mais grandioso ainda virá. (*A Ross e Angus.*) Obrigado por vosso trabalho. (*A Banquo.*) Não tens esperança de que teus filhos sejam reis, quando aquelas que me saudaram como barão de Cawdor não menos lhes prometeram?

BANQUO (*À parte a Macbeth.*)
Se acreditas no que elas dizem, a predição bem poderia incitar-te a desejar obter a coroa, além do título de barão de Cawdor. Mas a história toda me parece estranha: muitas vezes os instrumentos das trevas nos dizem parte da verdade com o intuito de atrair-nos para levar-nos à nossa própria destruição. Conquistam-nos a confiança ao nos revelar a verdade sobre insignificâncias, para depois trair-nos quando sofreremos as piores consequências. (*A Ross e Angus.*) Meus primos, por favor, eu gostaria de trocar uma palavra convosco.

(*Ross, Angus e Banquo afastam-se para um lado da cena.*)

MACBETH
(*À parte, a si mesmo.*) Até agora, aquelas criaturas disseram-me duas verdades como auspiciosos prólogos ao excelente ato de tema imperial que se realizaram, portanto parece-me que isso culminará com minha ascensão ao trono. (*A Ross e Angus.*) Agradeço-vos, cavalheiros. (*A si mesmo.*) Essa tentação sobrenatural não parece constituir uma coisa má, mas tampouco boa: se for má, por que me prometeram um sucesso que se revelou verdadeiro? Agora me tornei barão de Cawdor, assim como elas disseram que eu seria. Mas se isso é mesmo uma circunstância boa, por que me vejo pensando em

assassinar o rei Duncan, uma sugestão tão horripilante, cuja imagem faz-me eriçar os cabelos e martelar o coração preso contra as costelas, contra a lei da natureza? Os temores atuais não passem de terríveis fantasias. A simples ideia fantástica de cometer assassinato agita meu estado único de homem, pensamentos e especulações me reprimem a capacidade de agir, e, somente o que não é, é.

BANQUO
Vede como encontra-se arrebatado nosso companheiro Macbeth!

MACBETH (*A si mesmo.*)
Se o destino quer que eu seja, talvez o acaso possa coroar-me sem que eu precise ter participação alguma.

BANQUO (*A Ross e Angus.*)
Os novos títulos assentam-lhe como roupas novas, que ao corpo só caem bem depois de algum tempo usadas.

MACBETH (*À parte, a si mesmo.*)
Aconteça o que acontecer, o tempo e as horas avançam para o dia mais brutal.

BANQUO
Respeitável Macbeth, nós te aguardamos quando quiseres.

MACBETH
Perdoai-me, mas minha mente exausta enredava-se na busca de coisas esquecidas. Amáveis cavalheiros, não esquecerei vossos serviços, os quais tenho registrado onde posso a página virar todos os dias para lê-los. Vamos ao encontro do rei. (*A Banquo.*) Reflete sobre o que aconteceu hoje, e, daqui a pouco, depois que ambos tivermos tempo para pensar melhor, falaremos de tudo com o coração aberto.

BANQUO
Com todo o prazer.

MACBETH
Até lá, então, já dissemos o bastante. (*A Ross e Angus.*) Vamos, amigos!

(*Saem todos.*)

CENA IV
Forres. O palácio.

(*Ao som de trombetas, entram o rei Duncan, Malcolm, Donalbain, Lennox e respectivos acompanhantes.*)

DUNCAN
Executaram o ex-barão de Cawdor? Os encarregados já retornaram?

MALCOLM
Meu soberano, os homens ainda não retornaram, mas falei com alguém que o viu morrer, e ele me informou que o barão confessou com muita franqueza suas traições, implorou o perdão de Vossa Alteza e demonstrou profundo arrependimento. Não fez em toda a vida algo tão enobrecedor como a maneira pela qual a deixou. Morreu como alguém que ensaiara a própria morte para abrir mão de seu mais valioso bem como se fosse uma ninharia sem importância.

DUNCAN
Não existe arte que nos ensine a decifrar a mente de um homem na expressão do rosto. Era um cavalheiro em quem eu tinha absoluta confiança. (*Entram Macbeth, Banquo, Ross e Angus. A Macbeth.*) Ó digníssimo primo! Agora mesmo sentia pesada culpa por não te ter agradecido o suficiente. Fizeste tanto por mim e tão depressa, que mesmo a mais rápida recompensa só foi possível alcançar-te com asas bem lentas. Quisera que tu merecesses menos, pois talvez assim me houvesses deixado os meios de conceder-te a proporção certa de agradecimentos e reconhecimento! Resta-me apenas dizer que te devo muito mais do que poderei algum dia pagar-te.

MACBETH
Prestar-vos serviço e a lealdade que vos devo constituem vossa própria recompensa. Vosso altíssimo papel como rei é receber o tributo de nossos deveres, e estes são para vosso trono e Estado como os deveres dos filhos aos pais e dos empregados aos senhores, os quais não cumprem mais que sua obrigação, ao fazer tudo por amor e honra a vós.

DUNCAN
Aqui sê bem-vindo. Ao tornar-te barão de Cawdor, comecei a plantar-te e me esforçarei para proporcionar-te pleno crescimento. (*A Banquo.*) Meu nobre Banquo, faz-se necessário todos reconhecerem que mereces nada menos que Macbeth por tudo que fizeste. Deixa-me envolver-te em meus braços e transmitir-te meu afeto.

BANQUO
Se me desenvolvo aqui em vossa estima, vossa será a colheita.

DUNCAN
Tantas alegrias me dominam que, desenfreadas, procuram em vão ocultar-se nas lágrimas que em meus olhos afloram. Meus filhos, parentes, barões, e vós que vos encontrais mais próximos de mim, em hierarquia, sabei que concedo o trono ao meu primogênito Malcolm, a quem nomeio doravante príncipe de Cumberland, cuja honra, porém, não basta em si para torná-lo rei, pois também precisará acompanhar-se de títulos de nobreza que brilharão como estrelas em todos vós que os merecem.(*A Macbeth.*) E agora partamos daqui para teu castelo em Inverness, onde me tornarei ainda mais unido e grato a ti pela hospitalidade.

MACBETH
Tudo mais não me satisfaz, a não ser quando trabalho para vos servir. Seguirei antes e serei vosso arauto para transmitir à minha mulher a regozijadora notícia de vossa chegada. Com isto, humildemente me despeço.

DUNCAN
Meu digno barão de Cawdor!

MACBETH (*A si mesmo.*)
Malcolm, príncipe de Cumberland! Para tornar-me rei esse obstáculo me derrubará ou fará que eu o transponha, pois apenas ele se interpõe em meu caminho. Estrelas, escondei vosso lume! Que a luz não veja os profundos e sombrios desejos em meu íntimo; que o olho pisque para a mão, deixei acontecer o que, quando feito, o olho teme ver.

(*Sai.*)

DUNCAN (*Numa conversa com Banquo que se ouve fora do proscênio.*)
Tens razão, nobre Banquo, Macbeth é tão dotado de coragem quanto afirmas. Satisfazem-me os louvores que lhe fazem, pois constituem um banquete para mim. Sigamo-lo, agora que se adiantou a nós para oferecer-nos boa acolhida. Trata-se de um compatriota sem igual.

(*Toque de trombeta. Saem ambos.*)

CENA V
Inverness. Castelo de Macbeth.

(*Entra Lady Macbeth, lendo uma carta.*)

LADY MACBETH
"As feiticeiras vieram ao meu encontro no dia em que vencemos a batalha e eu soube, pela mais incontestável notícia, que têm em si mais do que mero conhecimento humano. Enquanto me ardia o desejo de fazer-lhes mais perguntas, elas se dissolveram no ar rarefeito, onde desapareceram. Continuava eu enfeitiçado com o que me acontecera, quando chegaram mensageiros do rei, todos os quais

me saudaram como 'barão de Cawdor', o mesmo título com que me haviam acabado de cumprimentar as irmãs do destino, e a mim se referido no futuro com estas palavras: 'Salve! Salve, Macbeth, que haverá de ser rei!'. Julguei-a boa notícia a transmitir-te, minha amada companheira de grandeza, para que pudesses regozijar-te comigo pela futura grandeza que nos é prometida, e não te manter alheia. Guarda-a no coração, e adeus." (*Ela ergue os olhos da carta.*) És barão de Glamis e de Cawdor e haverás de ser o que prometeu a profecia; no entanto, temo que o leite da bondade humana impregne demais tua natureza para tomares o atalho ao poder. Desejas ser poderoso; embora não careças de ambição, falta-te a brutalidade que a motiva. O que com intensidade desejas também o desejas com santidade, não gostarias de trair, mas trapaçarias para ganhar. Grande Glamis, tu desejarias ter o que te grita: "Assim precisas fazê-lo, se quiseres obtê-lo!". Temes mais fazê-lo do que não desejas que seja feito. Apressa-te e chega logo, para que eu possa despejar meu ânimo em teus ouvidos e subjugar com a coragem de minha língua tudo que te separa do círculo de ouro, com que o destino e a ajuda sobrenatural parecem haver-te coroado. (*Entra um criado.*) Que notícias trazes?

CRIADO
O rei vem aqui esta noite.

LADY MACBETH
Deves ter enlouquecido para dizer tal coisa. Teu senhor não está com ele? Se isso fosse verdade, ele ter-me-ia informado de antemão para fazer os preparativos necessários.

CRIADO
Por favor, é verdade. Nosso barão já vai chegar. Um dos meus colegas correu mais rápido que ele. Quase morto de exaustão, mal lhe restava fôlego para transmitir o recado.

LADY MACBETH
Tratem então bem dele, que traz grandes novas. (*Sai o criado.*) Rouco está o próprio corvo cujos crocitos pressagiam a entrada fatal

de Duncan sob as ameias de meu castelo. Vinde, espíritos que ouvis pensamentos mortais, retirai-me já as qualidades femininas e enchei-me até a borda, da cabeça até os pés, com as mais terríveis crueldades! Espessai-me o sangue, impedi o acesso e passagem ao remorso. Que sentimentos de culpa não abalem meu letal propósito, nem deem trégua à sua execução. Trocai-me o leite por fel, ministros do assassinato, em qualquer parte que estejais, onde vossas substâncias invisíveis acompanham o crime humano! Cai, noite espessa, e cobre-te com mortalha na mais tenebrosa fumaça do inferno, a fim de que meu punhal afiado não veja as feridas que inflige, nem o céu perscrute pela manta das trevas para gritar: "Detém-te! Detém-te!". (*Entra Macbeth.*) Nobre Glamis! Digno Cawdor! Maior que ambos, ainda, pelas aclamações que receberás daqui em diante. Tuas cartas transportaram-me além deste momento presente que tudo ignora, e faz-me sentir que o futuro já chegou.

MACBETH
Meu caríssimo amor, Duncan chega esta noite.

LADY MACBETH
E quando partirá?

MACBETH
Planeja partir amanhã.

LADY MACBETH
Oh, jamais o sol haverá de ver esse amanhã! Teu rosto, meu senhor, é um livro em que se leem estranhos sentimentos. Para enganar o mundo, parece com o mundo; põe uma expressão de acolhida nos olhos, mãos e língua; parece uma flor inocente, mas sê a serpente que se esconde embaixo. É necessário preparar a recepção daquele que chega, e deixa ao meu encargo a grande obra desta noite, que haverá de proporcionar a todas nossas noites e dias vindouros apenas poder absoluto e autoridade soberana.

MACBETH
Falaremos mais a respeito depois.

LADY MACBETH
Só mantenhas o semblante sereno. Alterar a expressão facial sempre tende a suscitar desconfianças. Deixa todo o resto comigo.

(*Saem.*)

CENA VI
Inverness. No pátio do castelo de Macbeth.
Toques de oboé e tochas.

(*Entram Duncan, Malcolm, Donalbain, Banquo, Lennox, Macduff, Ross, Angus e seus acompanhantes.*)

DUNCAN
Este castelo ocupa uma aprazível localização; o ágil e agradável ar insinua-se por si mesmo e suaviza-me os sentidos.

BANQUO
Os hóspedes do verão, as andorinhas, que tanto apreciam aninhar-se em torres e campanários, aprovam estes lugares como suas moradas preferidas, pois o alento dos céus as acaricia com seu perfume, sem saliências, contrafortes, nem quina favorável ou canto algum, onde esses pássaros não se aninhem e proliferem, notei ainda que o ar é sempre puro.

(*Entra Lady Macbeth.*)

DUNCAN
Vede! Eis que surge nossa honrada anfitriã! A afeição que nos acompanha às vezes nos causa preocupação, a qual ainda assim acolhemos como agradecimentos, como sinais de afeto. Assim, proporciono-te uma ocasião de aprenderes a rogar a Deus que nos

recompense pelos muitos trabalhos que te damos e agradece-nos pelos teus esforços.

LADY MACBETH
Todos os nossos esforços, dobrados e redobrados em qualquer sentido, seriam tarefas insignificantes e menores em comparação com as profundas e amplas honrarias que Vossa Majestade proporciona em profusão à nossa casa. Pelas vossas antigas benfeitorias que se acumularam às mais recentes, permanecemos como vossos eremitas.

DUNCAN
Onde se encontra Macbeth, o barão de Cawdor? Acompanhamo-lo de perto até aqui, com a finalidade de proporcionar-lhe tudo o que for necessário. Mas ele cavalga bem; e seu grande amor, penetrante como as esporas, ajudou-o a chegar ao lar antes de nós. Somos teus hóspedes por esta noite, formosa e nobre anfitriã.

LADY MACBETH
Vossos próprios servos sempre têm os deles, além de tudo que lhes pertence, para prestar-vos contas de todos os seus bens, prontos a devolvê-los.

DUNCAN
Dá-me tua mão e conduz-me ao anfitrião. Tenho-o em altíssima estima e haverei de continuar a agraciá-lo. Com tua permissão, anfitriã.

(*Saem.*)

CENA VII
Inverness. Castelo de Macbeth.

(*Toques de oboé. Tochas. Entram e atravessam o palco um provador* [5] *e diversos criados com travessas de comida e utensílios de mesa. Depois entra Macbeth.*)

MACBETH
Se o feito fosse consumado quando no ato, mais valeria levá-lo a cabo sem demora. Se a finalização do assassinato pudesse lançar a rede sobre as consequências e com sua execução arrebatar-me o sucesso com a morte dele... Se o golpe fosse o tudo e o fim — aqui, apenas aqui, neste estreito espaço da existência entre a margem e a barra do tempo, pularíamos a vida por vir. Mas, nesses casos, sempre nos julgam e punem neste mundo, porque só ensinamos lições sangrentas, as quais, tão logo aprendidas, retornam para atormentar o mentor. Essa justiça imparcial oferece a nossos próprios lábios o conteúdo do cálice por nós envenenado. O rei encontra-se neste castelo sob a crença de dupla salvaguarda: primeiro por eu ser seu parente e súdito, ambos fortes motivos contra tal crime; segundo, como seu anfitrião, sou obrigado a fechar a porta ao assassino e não empunhar eu mesmo a adaga contra ele. Duncan, além disso, tem exercido os poderes reais com tanta brandura, sido tão irrepreensível na elevada função de soberano, que suas destacadas virtudes clamarão como anjos, com línguas de trombetas, contra a profunda danação de seu assassinato. E a piedade, semelhante a um bebê desnudo a cavalgar a tempestade, ou a um querubim celeste montado nos corcéis invisíveis do ar, soprará crime tão hediondo, nos olhos de todos, até que as lágrimas afoguem o vento. Para incitar os flancos de minha intenção, tenho apenas a espora de desmesurada ambição, a qual salta além de si mesma e tomba no outro lado. (*Entra Lady Macbeth.*) E agora, quais as novas?

---

[5] *Sewer*, do francês *essayer*, membro da corte outrora encarregado de provar cada prato para demonstrar que não continha veneno, hoje equivale ao mordomo ou chefe de cerimonial em eventos públicos.

LADY MACBETH
O rei quase terminou a ceia. Por que saíste da sala?

MACBETH
Ele perguntou por mim?

LADY MACBETH
Não sabes que sim?

MACBETH
Não podemos levar esse plano adiante. Duncan acaba de cobrir-me de honras, que me renderam opiniões douradas de todo tipo de pessoas. Desejo desfrutar essas distinções por mais algum tempo e não rejeitá-las tão depressa.

LADY MACBETH
Estava ébria a esperança na qual te revestira? Curou-se da embriaguez no sono desde então, e desperta agora, tão verde e pálido diante do que te dispunhas a empreender de tão bom grado? Deste momento em diante, assim explico teu amor. Teme mostrar-te na realidade, por feitos e coragem, o mesmo homem que desejas ser? Almejas conseguir a coroa que consideras o ornamento da vida, mas viver como covarde em tua autoestima, deixando o "não ouso" subjugar-se ao "quero", como o pobre gato do provérbio?

MACBETH
Rogo-te paz. Ouso fazer tudo que seja digno de um homem; quem ousa fazer mais não o é.

LADY MACBETH
Que animal, então, te fez violar essa promessa a mim? Quando tu tiveste a ousadia de empreendê-la eras um homem, e ser mais do que já eras te tornaria muito mais homem ainda. Então, nem o lugar nem a ocasião revelavam-se propícios, contudo tu querias controlar ambos; agora, a circunstância e o momento, que se apresentam por si mesmos favoráveis, desfazem-te! Já amamentei e sei como é doce

amar o bebê que meu leite suga, mas mesmo enquanto me sorria eu lhe teria arrancado o seio das gengivas macias e esmagado sua cabeça se houvesse jurado, como juraste quanto a isso.

MACBETH
Se falharmos...

LADY MACBETH
Falharmos, nós? Apenas retesa tua coragem ao limite extremo no íntimo de ti, que não fracassaremos. Quando Duncan adormecer, o que logo acontecerá, pois a exaustiva viagem do dia ao sono profundo o convidará, tratarei de subjugar ambos seus camareiros com tanto vinho e bebedeira, que lhes reduzirá a memória, guardiã do cérebro, à fumaça, e o recebimento da razão, a uma chaminé; quando seus entes, assim emborrachados, caírem como porcos em sono profundo, que não conseguiremos tu e eu fazer com o desprotegido rei? Que tal incriminarmos esses guardas beberrões, sobre os quais recairá toda a culpa de nosso imenso crime?

MACBETH
Procrie apenas filhos varões! Que seu indômito vigor produza só machos. Não se deduzirá como verossímil, depois de mancharmos com sangue aqueles adormecidos no aposento do pai, além de usar seus próprios punhais, o fato de terem sido eles que desferiram os golpes?

LADY MACBETH
Quem ousará deduzir o contrário, ao ouvir nossos tão clamorosos prantos e gritos de dor, quando soubermos da morte de nosso rei?

MACBETH
Agora me decidi, e empenho todas as partes de meu ser nesse feito terrível. Vamos e passemos o tempo na simulação de ser felizes! Semblantes falsos devem ocultar o que sabe o coração desleal.

(Saem.)

SEGUNDO ATO

CENA I
Inverness. Pátio no interior do castelo.

(*Entram Banquo e Fleance, precedidos por um criado que ilumina o caminho com uma tocha.*)

BANQUO
A que ponto, menino, a noite chegou?

FLEANCE
Não ouvi o carrilhão soar as horas, mas a lua baixou.

BANQUO
E ela baixa à meia-noite.

FLEANCE
Creio que seja mais que isso, senhor.

BANQUO
Espera, toma minha espada. Vejo economia no céu, apagaram-se todas as luzes. Fica também com isto. Um pesado sono subjuga-me como chumbo. No entanto, preferiria não dormir. Misericordiosos anjos da guarda, afastai de mim as ideias amaldiçoadas com as quais a natureza atormenta-me quando descanso! (*Entram Macbeth e um criado com uma tocha.*) Dá-me a espada. Quem se aproxima?

MACBETH
Um amigo.

BANQUO
Como, senhor! Ainda não te deitaste? O rei já foi dormir; sentia extraordinário contentamento e enviou generosos presentes aos teus criados. Saúda também tua esposa ao oferecer-lhe este diamante, e designá-la como a mais amável das anfitriãs. (*Entrega a Macbeth um diamante.*) Recolheu-se ao aposento com uma satisfação além de toda expressão.

MACBETH
Por sermos pegos desprevenidos para recebê-lo, nossos desejos de agradar ao rei viram-se subjugados à falta de meios, do contrário seríamos mais pródigos.

BANQUO
Tudo transcorre muito bem. Sonhei na última noite com as três irmãs sobrenaturais que te revelaram certas verdades.

MACBETH
Não penso mais nelas. Mas quando ambos encontrarmos alguma hora propícia eu gostaria que conversássemos a respeito, se tiveres tempo a ceder-me.

BANQUO
Sempre que quiseres.

MACBETH
Se no tempo oportuno concordares com minha opinião, esta te renderá ainda mais honrarias.

BANQUO
Estarei aberto à tua sugestão, desde que eu não perca dignidade alguma ao buscar engrandecê-la, mas mantenha o coração liberto e a consciência limpa.

MACBETH
Até lá, bom repouso.

BANQUO
Muito obrigado, senhor, desejo-te o mesmo.

(*Saem Banquo e Fleance.*)

MACBETH
Dize à tua ama que toque a sineta quando minha bebida estiver pronta. Vai deitar-te em seguida.

(*Sai o criado.*)

Vejo mesmo uma adaga diante de mim, o punho voltado para minha mão? Vem, deixa-me agarrar-te. Não te tenho, mas ainda assim continuo a ver-te. Não és, imagem letal, tão sensível ao tato quanto à visão? Ou não constituis apenas um punhal imaginário, uma falsa criação originária da mente subjugada por ardor? Continuo a ver-te em forma tão palpável quanto este punhal que agora desembainho. Guia-me no caminho que eu seguia e no instrumento do qual ia servir-me. Meus olhos são enganados por meus outros sentidos ou então valem os demais juntos. Ainda te vejo, e gotas de sangue em tua lâmina e cabo, que não ostentavas antes. Não, nada existe de real, apenas a sanguinária ideia que tramei faz-me ver-te. Agora, em meio mundo a natureza parece morta, e sonhos assustadores atormentam o repouso cortinado; a feitiçaria celebra o ritual de oferendas à pálida Hécate.[6] O assassinato descarnado, acionado por seu vigia, o lobo, cujos uivos lhes servem de horas, avança como

---

[6] Deusa grega da magia que, nas noites de lua nova, aparecia com seus cães fantasmas diante dos viajantes. Aterrorizava com terrores noturnos e aparições de espectros. Também considerada a deusa da noite em seus aspectos mais terríveis, era costume associarem-na à rainha do inferno, Perséfone.

fantasma a passos largos e furtivos, semelhantes aos de Tarquínio,[7] o usurpador, em direção à sua finalização. Ó terra compacta e bem firme, evita ouvir meus passos aonde quer que me levem, pois temo que tuas próprias pedras revelem meu paradeiro, e privem o presente horror da ocasião que agora tão bem te convém. Enquanto ameaço, ele vive; palavras esfriam o ardor dos meus atos. (*Soa o carrilhão.*) Já vou e é fato consumado, o badalo convida-me a cometê-lo. Não o ouvi, Duncan, pois se trata do dobre de sino que vos intima ao céu ou ao inferno.

(*Sai.*)

CENA II
O mesmo cenário.

(*Entra Lady Macbeth.*)

LADY MACBETH
A bebida que os embriagou arrojada me tornou; o que a sede lhes saciou em chamas me ateou. Escuta! Silêncio! Carpiu a coruja, sineiro fatal que deseja o mais sinistro boa-noite. Acaba de fazê-lo: abrem-se as portas de Duncan; e os guardiões ébrios em excesso escarnecem, aos roncos, de seus deveres. Tanta droga eu misturei nas bebidas, que a morte e a natureza debatem em si se eles vivem ou morrem.

MACBETH (*Fora de cena.*)
Quem está aí? Como! Ah!

---

[7] Sexto Tarquínio, príncipe romano que se esgueirou à noite pelo quarto de Lucrécia, casada, e, sob a ameaça de um punhal, violentou-a e tornou-a adúltera. Ela, tão logo se refez, confessou o que ocorrera ao marido e suicidou-se em seguida com uma punhalada no coração.

LADY MACBETH
Ai! Temo que tenham acordado e sem que se consumasse o ato. Tentarmos o assassinato e não sermos bem-sucedidos nos arruinaria. Escuta! Deixei os punhais dos criados prontos para Macbeth, ele não podia deixar de vê-los. Se Duncan não se parecesse com meu pai enquanto dormia, eu mesma o teria matado. (*Entra Macbeth com punhais cobertos de sangue.*) Meu marido!

MACBETH
Desferi o golpe. Não ouviste um barulho?

LADY MACBETH
Ouvi o grito da coruja e os estrídulos dos grilos. Nada disseste?

MACBETH
Quando?

LADY MACBETH
Ainda agora.

MACBETH
Quando desci?

LADY MACBETH
Sim.

MACBETH
Escuta! Quem dorme no quarto contíguo?

LADY MACBETH
Donalbain.

MACBETH (*Olha as mãos.*)
Que triste visão!

LADY MACBETH
Que ideia tola dizeres "triste visão".

MACBETH
No sono, o primeiro riu e o segundo gritou: "Assassinato!". Assim, despertaram um ao outro: parei e ouvi-os. Mas de fato eles disseram suas orações e mais uma vez adormeceram.

LADY MACBETH
Ambos os irmãos dividem o mesmo aposento.

MACBETH
Um gritou: "Deus nos abençoe!". E o outro respondeu "amém", como se me houvessem visto com estas mãos de carrasco. Ao escutar o medo deles, não consegui dizer "amém", quando eles rogaram: "Deus nos abençoe!".

LADY MACBETH
Não penses nisso com tanta profundidade.

MACBETH
Mas por que não consegui dizer "amém?". Sentia extrema necessidade de graça divina, e o "amém" travou em minha garganta.

LADY MACBETH
Não devemos pensar em nossas ações dessa maneira, pois se o fizermos isso nos enlouquecerá.

MACBETH
Julguei ouvir uma voz gritar: "Não durmas mais! Macbeth assassinou o sono!". O sono inocente, o sono que acalma todo o confuso emaranhado das inquietudes da existência cotidiana, a morte de cada dia, o bálsamo que alivia o trabalhador exausto e cura as almas magoadas, a segunda forma da grande natureza, o principal e mais nutritivo prato do banquete da vida.

LADY MACBETH
Que queres dizer?

MACBETH: A voz não parava de gritar "Não durmas mais!" para todos na casa. "Glamis matou o sono, e, em consequência, Cawdor nunca mais dormirá, Macbeth nunca mais dormirá!"

LADY MACBETH
Quem era esse que assim gritava? Por que, meu valoroso barão, enfraquece tua nobre força, ao pensarem em tudo de maneira tão transtornada? Vai pegar um pouco de água e lava as mãos para te livrares desse imundo testemunho. Por que trouxeste os punhais de onde estavam? Precisam ficar lá. Leva-os de volta e mancha de sangue os sonolentos criados de quarto.

MACBETH
Não, lá não torno a voltar. Temo só de pensar no que fiz; não vou aguentar mais uma vez olhar.

LADY MACBETH
És fraco de determinação! Dá-me as armas. Os adormecidos e os mortos não passam de imagens; apenas o olhar da infância teme um diabo pintado. Se Duncan ainda sangrar, ornarei o rosto de seus próprios serventes, porque isso os fará parecerem culpados.

(*Lady Macbeth sai. Pancadas fora de cena.*)

MACBETH
De onde vêm essas batidas? Que há de errado comigo? Por que todo ruído apavora-me? (*Olha as mãos.*) De quem são estas mãos? Ah! Arrancam-me os olhos? Lavará toda a água do oceano do poderoso Netuno[8] este sangue de minhas mãos? Não, minhas mãos é que o derramarão em todos os mares e tornarão rubras as águas verdes.

---

[8] Deus das águas e dos mares, na mitologia romana.

(*Lady Macbeth torna a entrar.*)

LADY MACBETH
Embora tenha as mãos da cor das tuas, eu me envergonharia se estivesse com o coração assim tão branco e fraco. (*Ruído de pancadas fora de cena.*) Escuta! Ouço baterem na entrada sul. Retiremo-nos aos nossos aposentos. Um pouco de água nos lavará a prova dessa ação. Como tudo é fácil, então! Perdeste tua fortitude. (*Pancadas ao fundo.*) Escuta, mais batidas! Veste tua túnica de dormir para que, se a ocasião por acaso nos chamar, não revele que passamos a noite acordados. Não te afundes em reflexões tão angustiantes.

MACBETH
Ao conhecimento de meu feito, eu preferiria não conhecer a mim mesmo. (*Pancadas fora de cena.*) Acordai Duncan com essas batidas. Eu gostaria que conseguísseis!

(*Saem.*)

CENA III
O mesmo cenário.

(*Entra o porteiro embriagado. Pancadas fora de cena.*)

PORTEIRO
Por certo, que batidas insistentes! Se um homem fosse porteiro do inferno envelheceria de tanto girar a chave. (*Pancadas fora de cena.*) Bate, bate, bate, bate! Quem está aí, em nome de Belzebu? Deve ser um fazendeiro que se endividou, na expectativa de uma enorme colheita. Chegas em boa hora. Traz boa quantidade de lenços, pois aqui te farão suar muito por isso. (*Pancadas fora de cena.*) Bate, bate, bate! Quem está aí, em nome do outro diabo? Sim, há de ser algum enganador de fala ambígua, que poderia jurar em ambos os pratos da balança, um contra o outro, que cometeu grande traição por amor de Deus, mas cujas enganações não lhe abrirão o céu. Ó,

entra, mentiroso! (*Pancadas fora de cena.*) Bate, bate, bate! Quem está aí? Só pode ser um alfaiate inglês que aqui vem por ter roubado a calça de um francês. Entrai, alfaiate! Aqui podereis aquecer vosso ferro de passar. (*Pancadas fora de cena.*) Bate, bate![9] Não para jamais. Quem és tu? Mas este lugar para o inferno é frio demais. Não serei mais porteiro do diabo. Eu pensara em deixar entrar alguns de todas as profissões que percorrem o caminho florido para o fogo eterno. (*Pancadas fora de cena.*) Já vai! Já vai! Rogo-te, lembra-te do porteiro. (*Abre o portão.*)

(*Entram Macduff e Lennox.*)

MACDUFF
Deitaste tão tarde que dormiste além da conta?

PORTEIRO
Sim, senhor, nós caímos na farra e bebemos até o segundo canto do galo, e a bebida, senhor, é um grande provocador de três coisas.

MACDUFF
Quais as três coisas que a bebida provoca em especial?

PORTEIRO
Pela Virgem Maria, senhor, nariz vermelho, sono e urina. A luxúria, senhor, ela provoca e ao mesmo tempo não provoca: provoca o desejo, mas impede o desempenho. Portanto, talvez se possa dizer que muita bebida engana a luxúria: ela a desperta e a elimina; incita-a e a desanimas levanta-a e a derruba. Em suma: engana-a a adormeçer e, após deitá-la, abandona-a a si mesma.

---

[9] O fazendeiro e o enganador têm conotações históricas e religiosas específicas. Poucos meses antes da estreia de *Macbeth*, desmantelou-se a Conspiração da Pólvora, em 1605, liderada por um grupo de católicos para assassinar o rei James, devido a este não conceder direitos iguais a católicos e protestantes. Simbolizam o enganador e o fazendeiro, respectivamente, Guy Fawkes, especialista em explosivos, que detonaria as casas do Parlamento inglês; e o jesuíta inglês Henry Garnett, executado por sua cumplicidade na referida composição.

MACDUFF
Creio que a bebida te mentiu esta noite.

PORTEIRO
Ah, isso fez, senhor, pela minha goela adentro. Mas eu me desforrei da mentira, pois, como me considero mais forte que ela, embora às vezes seu efeito quisesse derrubar-me, consegui pregar-lhe uma peça e vomitá-la.

MACDUFF
Teu senhor já acordou? (*Entra Macbeth.*) Nossas batidas acordaram-no; aí vem ele.

LENNOX
Nobre senhor, bom dia.

MACBETH
Bom dia aos dois.

MACDUFF
O rei, digno barão, já despertou?

MACBETH
Ainda não.

MACDUFF
Ordenou-me que viesse vê-lo cedo. Quase perdi a hora.

MACBETH
Vou conduzir-te até ele.

MACDUFF
Sei que, embora tenhas prazer nesse trabalho, continua sendo trabalho.

MACBETH
O trabalho que nos dá prazer cura a dor. Esta é a porta.

MACDUFF
Ousarei entrar, pois se trata de meu serviço específico.

(*Sai Macduff.*)

LENNOX
O rei parte daqui hoje?

MACBETH
Sim, planejava isso.

LENNOX
Tivemos uma noite turbulenta. Onde dormimos, as chaminés desabaram impelidas pelo vento. Consta que no ar se ouviram lamentos, estranhos gritos de morte, que profetizavam com apavorantes entonações terrível caos e acontecimentos confusos, acidentes, novos despontares nestes tempos desastrosos. A coruja das trevas carpiu a noite toda. Dizem que a terra tremeu exaltada.

MACBETH
Foi uma noite terrível.

LENNOX
Minha jovem memória não se lembra de outra igual.

(*Retorna Macduff.*)

MACDUFF
Ó horror, horror, horror! Nem a língua nem o coração podem concebê-lo nem descrevê-lo.

MACBETH
Que foi que houve?

LENNOX
Que foi que houve?

MACDUFF
A destruição aqui realizou sua obra-prima. O assassinato mais sacrílego violou o templo consagrado[10] do Senhor, e do próprio santuário a vida lhe roubou.

MACBETH
Como dizes? A vida?

LENNOX
Tu te referes à vida de Sua Majestade?

MACDUFF
Ide e entrai no aposento e extingui vossa visão com outra górgona.[11] Não me pedi que diga mais nada. Vede e logo vós mesmos falareis. (*Saem Macbeth e Lennox.*) Tocai o sino de alarme! Despertai! Despertai! Traição e morte! Banquo, Donalbain e Malcolm, despertai, livrai-vos desse sono plácido, simulacro da morte, e contemplai a própria morte! Levantai-vos, levantai-vos, e ide ver a imagem do fim do mundo! Malcolm! Banquo! Erguei-vos como de vossos túmulos, e caminhai como espíritos, para expressar este horror! Tocai o sino de alarme!

(*Ressoa o sino. Entra Lady Macbeth.*)

---

[10] Macduff compara o cadáver de Duncan a uma igreja que foi arrombada, o que confunde seus ouvintes.
[11] Criatura da mitologia grega representada como um monstro feroz, de aspecto feminino, e com grandes presas. Tinha o poder de transformar todos que olhassem para ela em pedra, daí que, muitas vezes, imagens suas fossem utilizadas como uma forma de amuleto. A górgona também vestia um cinto de serpentes entrelaçadas.

LADY MACBETH
Por que motivo essa hedionda trombeta convoca a reunião de todos os que dormem nesta casa? Falai! Falai!

MACDUFF
Ó amável dama, não deves ouvir o que tenho a dizer. Esta notícia mataria uma mulher, assim que lhe chegasse aos ouvidos. (*Entra Banquo.*) Ó Banquo, Banquo, assassinaram nosso augusto senhor!

LADY MACBETH
Oh, não, ai de mim! Como, em nossa casa?

BANQUO
Cruel demais, não importa em que lugar. Caro Duff, suplico-te que desmintas a ti mesmo, e dize que isso não aconteceu.

(*Retornam Macbeth e Lennox.*)

MACBETH
Se houvesse eu morrido uma hora antes deste fato, poderia dizer que levara uma vida abençoada, porque a partir de agora nada mais há pelo que valha a pena viver. Tudo não passa de uma doentia pilhéria. O renomado e amável rei está morto. Derramou-se o vinho da vida, e tudo que restou de que ainda se pode vangloriar reduz-se à mera borra no fundo desta adega.

(*Entram os filhos de Duncan, Malcolm e Donalbain.*)

DONALBAIN
Que desgraça aconteceu?

MACBETH
Vives e não sabes o que aconteceu? A fonte, a nascente, o manancial de teu sangue esgotaram-se; tua própria origem cessou.

MACDUFF
Vosso augusto pai foi assassinado.

MALCOLM
Oh! Por quem?

LENNOX
Segundo as aparências, os responsáveis por guardar seu aposento o mataram. Tinham manchados de sangue o rosto e as mãos, assim como os punhais ainda não limpos que achamos em seus travesseiros. Via-se nos olhos arregalados uma expressão desvairada. Não se deveria ter-lhes entregado o cuidado da vida de ninguém.

MACBETH
Oh, mas me arrependo de que em minha fúria eu os matei.

MACDUFF
Por que o fizeste?

MACBETH
Quem pode ficar ao mesmo tempo sensato, assombrado, moderado e furioso, leal e neutro? Ninguém. A rapidez de meu violento afeto ultrapassou a razão mais lenta que deveria ter-me impedido. Ali jazia Duncan, a pele de prata rendada com seu sangue de ouro, e as punhaladas profundas pareciam brechas feitas na natureza, por onde entrasse a ruína destruidora: ali se ofereciam os assassinos, embebidos na cor de seu ofício, as adagas grosseiramente cobertas de sangue. Quem, com um coração para amar, e neste a coragem, poderia refrear-se de expressar seu amor?

LADY MACBETH
Oh, ajudai-me a sair daqui, rápido!

MACDUFF
Cuida da dama.

MALCOLM (*À parte, a Donalbain.*)
Por que se calam nossas línguas, quando somos nós os mais atingidos e com maior direito de nos indignarmos?

DONALBAIN (*À parte, só a Malcolm.*)
Por que devemos manifestar-nos aqui, onde nosso destino, oculto em algum nicho, talvez se precipite e nos agarre? Fujamos; nossas lágrimas ainda não se prepararam.

MALCOLM (*À parte, só a Donalbain.*)
E nem chegou a hora para transformarmos nossa profunda dor em ação.

BANQUO
Cuidai da dama. (*Retiram Lady Macbeth.*) E assim que cobrirmos nossas fragilidades expostas, vamos reunir-nos e averiguar essa obra muito sangrenta, para conhecê-la mais a fundo. Temores e escrúpulos nos abalam. Ponho-me na poderosa mão de Deus, e por isso combato contra os motivos ocultos de tão traiçoeira maldade.

MACDUFF
Eu também.

TODOS
Todos nós do mesmo modo.

MACBETH
Vamos rápido nos vestir de forma apresentável e logo nos reunir na sala.

TODOS
De bom grado.

(*Saem todos, menos Malcolm e Donalbain.*)

MALCOLM
Que farás? Não nos associemos a eles. É fácil um hipócrita fingir a manifestação de uma dor, quando na verdade nenhuma sente. Irei para a Inglaterra.

DONALBAIN
Eu, para a Irlanda. Nossos destinos assim separados haverão de manter-nos mais seguros. Aqui se escondem adagas nos sorrisos dos homens: quanto mais próximos da linhagem real, mais sanguinários tendem a ser.

MALCOLM
A mortífera flecha que se disparou ainda não atingiu o alvo, e nosso caminho mais seguro é evitar a pontaria. Portanto, aos cavalos; e não tenhamos a delicadeza de despedir-nos. Mas apenas vamos evadir-nos. Justifica-se o roubo que escapa de si mesmo, quando da misericórdia nada mais resta.

(*Saem.*)

CENA IV
O mesmo cenário. Do lado de fora do castelo.

(*Entram Ross e um ancião.*)

O ANCIÃO
Lembro-me bem dos últimos setenta anos, em cujo correr desse longo tempo vi horas terríveis e coisas estranhas, mas esta dolorosa noite banalizou todas as minhas experiências anteriores.

ROSS
Ah, sim, meu caro senhor, vede o céu, parece transtornado com a atuação humana, e ameaça seu palco sanguinário. Pelo relógio é dia, no entanto, a noite tenebrosa reprime o movimento do Sol. É pelo superior domínio da noite, ou pela vergonha do dia, que

se permite à escuridão a face da Terra sepultar, quando uma luz cheia de vida deveria acariciá-la?

O ANCIÃO
Parece-me tão abominável quanto o crime que aqui se cometeu. Na terça-feira passada um altaneiro falcão, que deslizava orgulhoso em seu mais alto voo, foi atacado e morto por uma coruja, que em geral só caça ratos.

ROSS
E aconteceu outro incidente muitíssimo estranho e incontestável, os cavalos de Duncan, belos, velozes e os mais estimados exemplos de sua raça, de repente tornaram-se violentos, destruíram as baias e fugiram; insurgidos contra a obediência habitual, agiam como se fossem travar guerra com a humanidade.

O ANCIÃO
Dizem que devoraram uns aos outros.

ROSS
Assim o fizeram, para espanto de meus olhos, que os viram. (*Entra Macduff.*) Eis que chega o bom Macduff. A quantas o mundo anda agora, senhor?

MACDUFF
Como, então não vês?

ROSS
Sabe-se quem cometeu esse ato mais que sanguinário?

MACDUFF
Os camareiros que Macbeth matou.

ROSS
Ai, dia! Que bem poderiam esperar receber esses homens por matar Duncan?

MACDUFF
Foram subornados; Malcolm e Donalbain, os dois filhos do rei, saíram às escondidas e fugiram; o que põe neles a suspeita do crime.

ROSS
Também contra a natureza! Inútil ambição que destrói seus próprios meios de existência! Então, é bem provável que a soberania caiba a Macbeth.

MACDUFF
Já foi eleito e dirigiu-se a Scone para ser coroado.

ROSS
Onde está o cadáver de Duncan?

MACDUFF
Levaram-no para Colmekill,[12] sacra sepultura de seus antecessores e guardiã de seus restos mortais.

ROSS
Vais a Scone?

MACDUFF
Não, primo, vou a Fife.

ROSS
Bem, eu vou.

MACDUFF
Então, espero que lá tudo corra bem, adeus, a não ser que a nossa velha roupa nos caia melhor do que a nova!

---

[12] Ilha onde se enterravam os reis escoceses.

ROSS
Adeus, meu ancião.

O ANCIÃO
Que a bênção de Deus que gostaria de transformar o mal em bem e inimigos em amigos esteja convosco.

(Saem todos.)

TERCEIRO ATO

CENA I
Forres. Um aposento no palácio.

(*Entra Banquo.*)

BANQUO
Possuis tudo agora: és rei, barão de Cawdor e de Glamis, tudo como as feiticeiras te prometeram, e temo que tiveste procedido de forma muito traiçoeira para consegui-lo; disseram, porém, que a coroa não levarias para a posteridade, mas que, em vez disso, eu mesmo deveria ser a raiz e pai de muitos reis. Se lhes saiu da boca a verdade (como em relação a ti aquelas falas resplandecem, Macbeth), por que, pelas profecias que contigo se realizaram, não hão de se tornar oráculos também para mim, e não me elevarão as esperanças? Mas, agora, silêncio, nada mais falarei!

Toque de trombeta na entrada de atores.

(*Entram Macbeth vestido como rei, Lady Macbeth como rainha, juntos de Lennox, Ross, nobres, damas e acompanhantes.*)

MACBETH (*Indica Banquo.*)
Eis nosso convidado mais importante.

LADY MACBETH
Se te houvéssemos esquecido, tua ausência se revelaria uma falha nessa grandiosa comemoração, e pareceria uma atitude muito desatenciosa de nossa parte.

MACBETH (*A Banquo.*)
Esta noite oferecemos um banquete cerimonial, senhor, e requisito tua presença.

BANQUO
Que Vossa Alteza dê-me vossas ordens, que se vinculam para sempre aos meus deveres pelos mais indissolúveis laços.

MACBETH
Vais cavalgar esta tarde?

BANQUO
Sim, meu bom milorde.

MACBETH
Desejaríamos ouvir teu sensato conselho, que sempre tem sido ao mesmo tempo sério e proveitoso, na reunião de hoje; mas te ouviremos amanhã. Cavalgas para muito longe?

BANQUO
Longe o bastante, milorde, para preencher o tempo que transcorrerá deste momento à ceia. A não ser que meus cavalos corram mais que o esperado, tomarei emprestada da noite uma, ou duas, de suas horas escuras.

MACBETH
Não faltes ao nosso banquete.

BANQUO
Não faltarei, milorde.

MACBETH
Soubemos que nossos primos sanguinários residem agora na Inglaterra e na Irlanda, sem terem confessado o cruel parricídio que cometeram, e enchem os ouvidos de seus anfitriões com estranhas mentiras. Porém, falaremos mais a respeito amanhã, quando, além

disso, trataremos de assuntos de Estado que exigem a atenção de ambos. Apressa-te e monta, adeus, até teu retorno à noite. Fleance te acompanhará?

BANQUO
Sim, meu bom senhor, é hora de partirmos.

MACBETH
Desejo-vos cavalos velozes e seguros, e assim vos recomendo que os monteis logo. Até mais. (*Sai Banquo. Aos cortesãos.*) Que todos aproveitem como lhes parecer melhor o tempo livre até as sete horas. Para que possamos desfrutar com mais prazer vossa companhia, gostaríamos de ficar a sós até a ceia. Nesse ínterim, que Deus vos acompanhe. (*Saem todos, menos Macbeth e um criado.*) A ti, uma palavra. Aqueles homens aguardam minhas ordens?

CRIADO
Aguardam, sim, milorde, diante do portão do palácio.

MACBETH
Traga-os à minha presença. (*Sai o criado.*) Nada vale ser rei assim, sem sê-lo com segurança. Meus temores de Banquo se aprofundam, e de sua nobre natureza há muito que recear. Ousado demais, dispõe-se a correr riscos, e a essa destemida disposição de ânimo acrescenta-se a sabedoria, que orienta sua coragem para agir de forma segura. Ninguém mais temo; e, ao seu lado, meu anjo sente-se inferior, assim como o de Marco Antônio supostamente receava o de César. Repreendeu as feiticeiras, quando pela primeira vez elas se dirigiram a mim como rei, e ordenou-lhes que falassem de seu próprio futuro; então, como profetas, aclamaram-no pai de uma linhagem de reis. As três puseram-me na cabeça uma coroa infrutífera e nas mãos um cetro estéril, pois não posso passá-los a um descendente, portanto alguém fora de minha família os arrancará de mim, sem nenhum filho eu ter para suceder-me como rei. Se a profecia realizar-se, então me torturei a consciência e assassinei o generoso Duncan para os rebentos de Banquo; a mente por eles

eu sujei, amarguei minha própria paz para proveito de seus filhos, apenas por eles entreguei minha alma eterna ao diabo, inimigo comum do homem, para fazê-los reis, tornar soberanos os filhos de Banquo! Em vez de ver isso se realizar, eu desafiarei o destino na arena e combaterei até a morte! Quem está aí? (*Torna a entrar o criado com dois assassinos. Ao criado.*) Agora vá para a porta e fique lá até o chamarmos. (*Sai o criado. Aos assassinos.*) Não foi ontem que conversamos?

PRIMEIRO ASSASSINO
Foi ontem, sim, Majestade.

MACBETH
Muito bem; então, pensastes em minhas palavras? Sabeis que no passado foi ele quem vos mantinha em degradação, quando considereis que fora minha inocente pessoa o responsável. Em nossa última conversa, deixei isso bem claro e apresentei provas de que ele vos enganou e excluiu, além de os agentes com os quais trabalhava e tantas outras coisas, que fariam até mesmo um ser incapacitado ou um louco dizer: "Foi Banquo quem fez!".

PRIMEIRO ASSASSINO
Sim, Vossa Majestade nos pôs a par de tudo isso.

MACBETH
Sim, e fui ainda mais longe, o que é o objetivo deste nosso segundo encontro. Julgais a paciência tão predominante em vossa natureza, a ponto de deixardes tudo para lá? Sois tão imbuídos do Evangelho para rezardes por esse bom homem e pela sua prole, ele, cuja mão pesada curvou-vos para a sepultura e vos reduziu a mendigos para sempre?

PRIMEIRO ASSASSINO
Somos homens, meu soberano.

MACBETH
Sim, sem dúvida podeis passar por homens, como cães de caça, perdigueiros, vira-latas, *spaniels*, mastins, *golden retrievers*, labradores, galgos, meio-lobos, todos são designados como cachorros. Uma longa relação distingue e valoriza as diferentes raças: o veloz, o vagaroso, o sutil, o guardião, o caçador, cada um segundo o dom inato com que o dotou a natureza pródiga, e pelo qual ele recebe uma distinção específica na lista geral que descreve suas características principais. Ocorre o mesmo com os homens. Ora, se tendes uma distinção na lista e não vos incluís na pior categoria humana, dizei-me, e eu vos confiarei em segredo um plano, cuja realização vos livrará de vosso inimigo e vos aproximará mais de meu coração e afeto, pois, enquanto Banquo viver, ele debilita minha saúde, que se restabelecerá com sua morte.

SEGUNDO ASSASSINO
Sou alguém, meu soberano, que tanto se enfureceu pelos vis golpes e as desgraças do mundo, que não mais se importa com o que tiver de fazer para prejudicá-lo.

PRIMEIRO ASSASSINO
E eu, outro tão farto de desastres, tão maltratado pelo destino, que arriscaria a vida em qualquer ocasião que se oferecesse, para endireitá-lo ou dele me livrar.

MACBETH
Ambos sabeis que Banquo foi vosso inimigo.

SEGUNDO ASSASSINO
Verdade, milorde.

MACBETH
Também é meu inimigo, e em tal grau de hostilidade que cada minuto de sua existência desfere-me um golpe nas partes vitais; embora com meu poder deslavado eu tivesse como varrê-lo para sempre da visão, justificado só pela minha razão, não devo fazê-lo,

pois certos amigos comuns, cujo afeto não desejo perder, só lhe deplorariam a queda mortal que eu mesmo causasse. Peço-vos, então, a ajuda para encobrir a ação dos olhos comuns, por vários motivos importantes.

SEGUNDO ASSASSINO
Senhor, haveremos de empreender o que nos ordenais.

PRIMEIRO ASSASSINO
Embora nossa vida...

MACBETH (*Interrompe-o.*)
Vejo determinação em vossos olhos! No máximo daqui a uma hora, hei de vos indicar o lugar onde deveis esconder-vos e darei as instruções quanto à hora certa de agir ainda esta noite e a boa distância do palácio. Não vos esqueçais de que preciso manter-me livre de suspeitas; e além disso, para não deixardes falhas nem cometerdes erros canhestros, Fleance, seu filho, que acompanhou o pai, cuja eliminação não me é menos importante, também deve abraçar a sina dessa hora funesta. Decidi entre vós, logo vos seguirei.

AMBOS OS ASSASSINOS
Já nos decidimos, milorde.

MACBETH
Eu irei ter convosco em seguida. Permanecei no palácio. (*Saem os assassinos.*) Concluído o trato: Banquo, se a ascensão de tua alma a levará ao céu, esta noite nele ela haverá de entrar.

(*Sai.*)

CENA II
Ainda no palácio.

(*Entram Lady Macbeth e um criado.*)

LADY MACBETH
Banquo já deixou a corte?

CRIADO
Sim, madame, mas retornará à noite.

LADY MACBETH
Dize ao rei que quero trocar com ele algumas palavras.

CRIADO
Madame, assim o farei.

(*Sai.*)

LADY MACBETH
Nada ganhaste e tudo desperdiçaste, quando conseguiste o que desejavas, e continuas infeliz. Parece-me melhor ser aquele que destruímos do que sermos o assassino e viver atormentados pela ansiedade. (*Entra Macbeth.*) Como vais, milorde? Por que te isolas e manténs como companhia apenas as piores e mais tristes imaginações, se esses pensamentos deveriam de fato ter morrido com os que foram mortos? O que não tem remédio, remediado está. O que se fez, feito está.

MACBETH
Nós cortamos a serpente, mas não a matamos. Ela se fechará e retornará ao que era, enquanto nossa impotente maldade continua exposta ao perigo de seu antigo dente. Mas que se rompa a estrutura do universo e ambos os mundos sofram, antes de consentirmos comer nossa refeição com medo e de dormir na aflição desses terríveis sonhos que nos abalam todas as noites. Melhor estar com

os mortos, quem, nós, para ganhar nossa própria paz, mandamos para a paz, do que sofrer esta infindável tortura mental de deitar-me nessa angustiante expectativa. Duncan jaz na sepultura; após a febre espasmódica, ele dorme bem. A traição já fez o pior; nem aço, nem veneno, nem maldade interna, nem exército estrangeiro, nada pode atingi-lo mais.

LADY MACBETH
Vamos, meu caro senhor, relaxa, suaviza essa expressão transtornada, mostra-te animado e jovial entre teus convidados à noite.

MACBETH
Assim vou mostrar-me, meu amor, e assim rogo que te mostres. Que tua lembrança se dirija a Banquo, proporciona-lhe superioridade de tratamento, ao mesmo tempo com olhares e palavras. Jamais ficaremos seguros em tal situação, enquanto precisarmos lavar nossa grandeza nessa corte de aduladores e fazer de nosso rosto máscaras para disfarçar nossos verdadeiros sentimentos íntimos.

LADY MACBETH
Precisas parar com isso.

MACBETH
Oh, sinto a mente cheia de escorpiões, minha querida esposa! Sabes que Banquo e o filho Fleance ainda vivem.

LADY MACBETH
Mas não podem viver para sempre.

MACBETH
Nisso ainda nos resta reconforto; a verdade é que são atacáveis. Anima-te, então. Antes que o morcego conclua seu oculto voo enclausurado, antes que, aos apelos soporíferos da negra Hécate, o escaravelho do esterco repique o dobre para anunciar o cair da noite, se haverá cometido aqui um feito digno de pavorosa nota.

LADY MACBETH
Que se fará?

MACBETH
Continua alheia ao conhecimento, minha amada pombinha, até aplaudires o ato. (*À noite.*) Chega, noite cegante, veda o afável olho do dia e com tua sangrenta e invisível mão cancela e despedaça esse poderoso prazo de vida de Banquo que tanto me atemoriza! A luz se espessa, e já o corvo alça voo em direção às pedras da floresta onde habita. As boas manifestações do dia começam a enlanguescer e adormecer, enquanto os agentes do mal despertam em busca de capturar-lhes as presas. (*A Lady Macbeth.*) Minhas palavras espantam-te, mas continua tranquila: o mal se põe a fortalecer as atividades funestas há pouco acionadas. Assim, por favor, vem comigo.

(*Saem ambos.*)

CENA III
Ainda em Forres. Um parque florestal próximo ao palácio.

(*Entram três assassinos.*)

PRIMEIRO ASSASSINO
Mas quem ordenou a te juntares a nós?

TERCEIRO ASSASSINO
Macbeth.

SEGUNDO ASSASSINO
Não temos por que não confiar nele, visto que recebeu as mesmas ordens e instruções precisas para o que temos de empreender.

PRIMEIRO ASSASSINO
Então, fica conosco. Ainda se veem brilharem no poente alguns raios de sol; agora os viajantes atrasados usam as esporas e aceleram

para chegar a tempo na hospedaria, e cada vez mais se aproxima o homem que esperamos.

TERCEIRO ASSASSINO
Prestai atenção! Escuto cavalos.

BANQUO (*Fora de cena.*)
Olá, tragam-nos alguma luz até aqui!

SEGUNDO ASSASSINO
Então, é ele. Os demais convidados esperados já se encontram na corte.

PRIMEIRO ASSASSINO
Ouvem-se os cavalos se deslocarem como se os criados os conduzissem para os estábulos.

TERCEIRO ASSASSINO
Quase uma milha, mas Banquo, como todos os demais, em geral segue a pé dali até o portão do palácio Dunsinane.

(*Entram Banquo e Fleance com uma tocha.*)

SEGUNDO ASSASSINO
Ali vem uma luz! Ali vem uma luz!

TERCEIRO ASSASSINO
É ele.

PRIMEIRO ASSASSINO
Preparai-vos.

BANQUO
Vai chover esta noite.

PRIMEIRO ASSASSINO
Então que caia a chuva.

(*Os três atacam Banquo.*)

BANQUO
Oh, traição! Foge, meu caro Fleance, foge, foge, foge! Podes vingar-me algum dia. Foge! Oh, seu criminoso!

(*Banquo morre, Fleance escapa.*)

TERCEIRO ASSASSINO
Quem apagou a tocha?

PRIMEIRO ASSASSINO
Não era o que devíamos fazer?

TERCEIRO ASSASSINO
Tem apenas um corpo caído, o filho fugiu.

SEGUNDO ASSASSINO
Então falhamos em metade de nossa missão.

PRIMEIRO ASSASSINO
Bem, vamos sair daqui e informar Macbeth de quanto fizemos.

(*Saem.*)

CENA IV

Um salão do palácio. Palco arrumado com mesa posta para o banquete.

(*Entram Macbeth, Lady Macbeth, Ross, Lennox, nobres e acompanhantes.*)

MACBETH
Conheceis vossa hierarquia segundo os títulos que possuís; sentai-vos em vossos lugares. Do primeiro ao último, minhas cordiais boas-vindas.

NOBRES
Obrigado, Majestade.

MACBETH
Eu mesmo vou misturar-me aos convidados e desempenhar a função de humilde anfitrião. Minha mulher permanecerá na cadeira de rainha, mas num momento oportuno pedirei que expresse boas-vindas a todos.

(*Os cortesãos e os nobres sentam-se e deixam um lugar no centro para Macbeth.*)

LADY MACBETH
Expressa-as por mim, senhor, a todos os nossos amigos, pois meu coração diz-me que são bem-vindos.

(*Surge no vão da porta o primeiro assassino.*)

MACBETH
Vês? Eles te saúdam com sinceros agradecimentos. Ambos os lados estando em igual número de convidados, eu me sentarei no meio. Ficai à vontade e sede pródigos em alegria, pois logo beberemos todos à mesa com uma rodada. (*Aproxima-se da porta e fala com o assassino.*) Sangue tens no rosto.

ASSASSINO
Então, é de Banquo.

MACBETH
Melhor vê-lo respingado em teu rosto que fluindo nas veias dele. Despachaste-o para sempre?

ASSASSINO
Meu senhor, eu abri-lhe a garganta; foi o que lhe fiz.

MACBETH
És o melhor dos degoladores. Mas ainda melhor é aquele que fez a Fleance o mesmo. Se o fizeste, ninguém se iguala a ti.

ASSASSINO
Meu mui augusto senhor, Fleance escapou.

MACBETH (À parte.)
Então a mim retornam os acessos de temor. Fora isso, eu seria perfeito, coeso como o mármore, forte como rocha, tão livre e profuso quanto o ar que me cerca. Mas agora me sinto oprimido, apertado, confinado e subjugado por impudentes dúvidas e medos. (*Ao assassino.*) Mas Banquo está seguro?

ASSASSINO
Sim, milorde, seguro num fosso ele aguarda, com vinte feridas abertas na cabeça, das quais a menor já constitui a morte à natureza.

MACBETH
Obrigado por isso. Lá jaz a serpente madura; o filhote que escapou tem uma natureza que com o tempo se tornará venenosa e ameaçadora, mas por ora ainda lhe faltam dentes. Vai-te embora, amanhã de novo nos falaremos.

(*Sai o assassino.*)

LADY MACBETH
Não te vejo animar a comemoração, meu augusto senhor. Se o anfitrião não demonstra boa acolhida aos convidados com frequentes brindes, eles vão sentir-se no decorrer do banquete como se pagassem pela refeição, não como se esta lhes fosse oferecida. Só para comer, sem brindes, melhor seria todos ficarem em casa; fora dela, quando as pessoas compartilham com outros, o tempero da comida é a cortesia. Sem ela, reuniões não valem nada.

MACBETH
Minha amável mulher, que bom me lembrares disso! Que a alegria da mesa ao apetite se una. Saúde a ambos!

LENNOX
Tende a bondade de vos sentar, Alteza.

MACBETH
Nosso teto abrigaria agora as honras todas da nação, se aqui participasse a respeitada pessoa de Banquo, cuja ausência eu prefiro, se todos me permitirem, criticar por indelicadeza a ter de lastimá-la por algum infortúnio.

(*Entra o fantasma de Banquo e senta-se no lugar de Macbeth.*)

ROSS
Sua ausência, senhor, significa que ele quebrou a promessa feita. Queira Vossa Alteza agraciar-nos com tão augusta presença.

MACBETH
A mesa está cheia.

LENNOX
Aqui, milorde, tem um lugar desocupado.

MACBETH
Onde?

LENNOX (*Aponta para o lugar onde se senta Banquo.*)
Aqui mesmo, meu bom senhor. Que transtorna Vossa Alteza?

MACBETH (*Ao ver o fantasma.*)
Qual de vós fez isso?

NOBRES
Fez o que, meu bom soberano?

MACBETH (*Ao fantasma.*)
Não podes dizer que eu fiz isso. Não sacudas para mim teus cabelos ensanguentados.

ROSS
Levantai-vos, nobres senhores; Sua Alteza não se sente bem.

LADY MACBETH
Ficai, amigos, meu marido muitas vezes age assim, desde a juventude. Rogo-vos que permaneçais sentados, o acesso é momentâneo; em um instante, ele ficará bem de novo. Se lhe prestardes muita atenção, havereis de ofendê-lo e agravar-lhe a perturbação. Continuai a comer e não o encareis. (*A Macbeth para que só ele ouça.*) És homem?

MACBETH
Sim, e tão destemido que ouso olhar o que apavoraria o diabo.

LADY MACBETH
Oh, o mesmo e total absurdo! Essa é a própria imagem criada por teu medo, como o punhal impelido no ar que, tu dizias, guiava-te os passos em direção a Duncan. Oh, esses acessos e alucinações que te acometem, como simulacros do verdadeiro medo, melhor conviriam aos contos de uma mulher junto ao calor da lareira no inverno, com a aprovação da avó. Devias envergonhar-te! Por que

exibis esses esgares? Em última análise, quando passar a visão, nada verás, além de um assento.

MACBETH
Rogo-te que me olhes! Oh, vê só! Que me dizes? (*Ao fantasma.*) Que tens a dizer? Ora, que me importa. Se podes abanar a cabeça, também sabes falar. Se dos cemitérios as sepulturas hão de nos devolver os mortos por nós enterrados, então nossos sepulcros deveriam ser ocupados por aves de rapina.

(*Desaparece o espectro de Banquo.*)

LADY MACBETH
Como? Perdeste toda a condição humana na loucura?

MACBETH
Tão certo como estou aqui, eu o vi.

LADY MACBETH
Ai, que vergonha!

MACBETH
Já se derramou sangue antes. Nos tempos antigos, antes que as leis humanas expurgassem o mal do bem-estar social; sim, e desde então também se cometeram assassinatos terríveis demais para que os ouvidos suportem ouvir. E testemunhou-se o tempo em que, após ter o cérebro extirpado, o homem morria, e tudo cessava; mas agora, com vinte golpes mortais na cabeça, eles se reerguem e nos derrubam de nossas cadeiras. Essa misteriosa circunstância ainda é mais estranha que assassinato.

LADY MACBETH
Meu digno senhor, teus nobres amigos sentem tua falta.

MACBETH
Esqueci-me mesmo deles. (*Aos convidados.*) Não vos preocupeis comigo, caríssimos amigos, padeço de uma estranha enfermidade que nada significa para os que me conhecem. (*Retorna o espectro de Banquo ao assento de Macbeth.*) Vamos, amor e saúde a todos, agora me sentarei: dá-me vinho, enche-me a taça. Ergo um brinde à alegria geral de toda a mesa e à de nosso querido amigo Banquo, o qual nos faz falta. Quisera que estivesse aqui! Bebamos sedentos a todos e a ele! Tudo a todos!

(*Reentra o espectro de Banquo.*)

LORDES
Um brinde aos nossos deveres e lealdade.

(*Todos bebem.*)

MACBETH (*Ao espectro de Banquo.*)
Vai embora, some da minha frente! Que a terra te esconda! Teus ossos não têm mais tutano, o sangue enregelou. Perdeste toda a visão desses olhos com os quais me encaras!

LADY MACBETH
Meus caros e nobres pares, pensai nisto como algo que lhe é comum, nada mais: apenas nos estraga o prazer da ocasião.

MACBETH
O que o homem ousa eu ouso. (*Ao espectro de Banquo.*) Aparece sob a forma do feroz urso russo, do rinoceronte blindado ou do tigre da Hircânia;[13] sob qualquer forma, menos essa, que meus nervos firmes jamais se abalarão. Ou ressuscita, desafia-me a combater-te

---

[13] Antiga região situada entre o mar Cáspio, conhecido então como oceano Hircânio, no norte, e os montes Ebruz no sul e oeste. Tornou-se parte do império persa durante o reinado de Ciro, o Grande (559-530 a.C.).

num lugar deserto com tua espada. Se então eu me puser a tremer, declara-me a boneca de uma menina. Chispa já daqui, sombra horrível! Grosseiro simulacro, some! (*O espectro sai. Aos convivas.*) Bem, então, como ele se foi, sinto-me mais uma vez homem. Rogo que vos senteis.

LADY MACBETH
Acabaste com a alegria e desmanchaste com tão espantosa perturbação o prazer desta boa reunião.

MACBETH
(Aos convidados.) Podem ocorrer tais coisas e dominar-nos, como uma nuvem de verão, sem nos transtornar? Tratai-me como um estranho e deixai-me de novo fora de mim, pois agora me pergunto: como podeis contemplar semelhantes visões e conservar o rosado natural das faces, enquanto fico com as minhas lívidas de medo?

ROSS
Que visões, meu soberano?

LADY MACBETH
Peço-vos, por favor, não lhe faleis. Ele piora cada vez mais. As perguntas o enfurecem. Agora, boa-noite a todos. Não vos preocupeis com a ordem protocolar de saída. Apenas parti logo.

LENNOX
Boa-noite e melhor saúde a Sua Majestade.

LADY MACBETH
Uma benévola e serena noite a todos.

(*Saem todos, menos Macbeth e Lady Macbeth.*)

MACBETH
Haverá sangue; dizem que o sangue traz sangue. Sabe-se que pedras moveram-se e árvores falaram. Previsões místicas sobre o

futuro e ligações entre recentes acontecimentos denunciaram, pela voz das pegas, corvos e melros, os mais habilidosos dos assassinos. Que horas são da noite?

LADY MACBETH
A quase em conflito com o dia, por volta da meia-noite.

MACBETH
Que pensas do fato de Macduff recusar-se a comparecer ao meu insistente convite?

LADY MACBETH
Mandaste chamá-lo, senhor?

MACBETH
Não, eu soube disso por acaso, mas vou. Não há um dentre eles em cuja casa eu não mantenha um criado subornado. Irei amanhã, e bem cedo, ver as irmãs sobrenaturais. Mais elas haverão de dizer, pois no momento estou decidido a saber o pior, pelos piores meios. Para meu próprio bem, todos os outros problemas terão de ceder o lugar. Já avancei tanto no rio do sangue que, se nele não mais prosseguir, recuar agora seria tão difícil quanto continuar em frente. Tenho em mente coisas estranhas que devem ser realizadas, antes que se possa examiná-las a fundo.

LADY MACBETH
Precisas do tempero que preserva todos os seres da natureza: o sono.

MACBETH
Vem, durmamos um pouco. Minha estranha violação de quem e do que sou constitui apenas o medo do iniciante, a quem faltam ações mais duras. Ainda não passamos de jovens nas tarefas.

(*Saem.*)

CENA V
A charneca. Trovão.

(*Entram as três feiticeiras e se reúnem com Hécate.*)

PRIMEIRA FEITICEIRA
Ora, Hécate, que houve? Pareces furiosa.

HÉCATE
Não tenho motivos, suas bruxas malvadas, excessivamente audaciosas e atrevidas? Como ousastes negociar e associar-vos com Macbeth em enigmas e práticas de morte, e eu, a dona de vossos feitiços, a secreta tramadora de todos os males, nunca fui chamada a participar do brilho e da glória de nossa arte? E ainda pior: tudo que fizestes foi para um filho instável, vingativo e rancoroso, como os outros, que só se afeiçoa pelos seus próprios fins egoístas, não por vós. Mas agora reparai vosso erro. Parti e me encontrai amanhã cedo na gruta do Aqueronte.[14] Lá o rei irá para saber de seu destino. Preparai vossos caldeirões e encantos, com feitiços, amuletos e tudo mais necessário que tiverdes ao alcance. Para o ar me transporto; usarei esta noite escura para a realização de uma terrível e fatal ação. Grande magia deverá consumar-se antes do meio-dia. Pende ali, do canto da lua, uma vaporosa e espessa gota. Vou apanhá-la antes que caia na terra. Destilada por artifícios mágicos haverá de desprender tais espíritos enganosos que, pela força da ilusão, atrairá Macbeth à sua confusão. Ele irá desdenhar o destino, desprezar a morte e elevar as esperanças acima da sabedoria, virtude e medo. E sabeis todas que a segurança é o principal inimigo dos mortais. (*Vozes cantam uma música fora da cena com as palavras*: "Vem, vem".) Ouvi! Chamam-me, vede: meu pequeno espírito sentado numa nuvem brumosa me aguarda.

(*Sai Hécate.*)

---

[14] Na mitologia grega, rio no inferno, pelo qual o barqueiro Caronte transportava as almas dos mortos.

PRIMEIRA FEITICEIRA
Apressemo-nos; ela volta logo.

(*Saem.*)

CENA VI
Algum lugar na Escócia.

(*Entram Lennox e outro nobre.*)

LENNOX
As palavras que eu disse não fizeram mais que repercutir tuas ideias, que podes interpretar mais além. Apenas acrescento que se concluiu tudo de forma muito singular. Pesaroso, Macbeth lamentou a morte do generoso Duncan. Bem, mas depois de morto! E o nosso valente Banquo demorou-se na cavalgada tempo demais; faz sentido deduzir-se, digamos, Fleance o assassinou, pois fugiu. Os homens não devem andar tarde da noite. Quem de nós não pode pensar que foi monstruoso? Fato maldito! E como angustiou Macbeth! Pois, em leal fúria, logo não dilacerou os dois delinquentes, presas da bebida e escravos do sono? Não foi um nobre ato? Sim, e também sensato. Porque teria enfurecido demais o coração de qualquer ser vivo ouvir os homens negarem o crime. Por isso, afirmo que ele tramou muito bem tudo, e de fato penso que, se tivesse encarcerado os filhos de Duncan, o que nunca permita Deus que aconteça, ambos descobririam o que é matar o pai, assim como ocorrerá com Fleance. Mas basta desse assunto! Acabo de saber que Macduff caiu em desgraça com o rei porque lhe disse o que pensava com demasiada franqueza e por não ter comparecido ao banquete do tirano. Senhor, sabes dizer-me onde ele se esconde?

LORDE
O filho de Duncan, cujo direito de primogenitura ao trono esse tirano usurpou, vive na corte da Inglaterra; e o virtuoso rei Eduardo acolheu-o com tanta generosidade, que o malévolo

capricho do destino em nada deprecia o elevado respeito que sente Malcolm. Para lá foi Macduff rogar ajuda ao sagrado rei, destinada a apoiar Northumberland e o guerreiro Siward, a fim de que, com a assistência de ambos e Daquele lá em cima, mais uma vez possamos fazer nossas refeições à mesa, dormir à noite, livrar nossas festas e banquetes de facas sangrentas, além de prestar homenagens legítimas e receber honras livres de coerções, tudo pelo que agora ansiamos. Essa notícia tanto exasperou Macbeth que ele se prepara para a guerra.

LENNOX
Ele mandou chamar Macduff?

LORDE
Sim, e após ouvir de Macduff "Eu não, senhor!", o mensageiro fechou a cara, deu-me as costas, e resmungou, como a dizer: "Hás de lamentar a ocasião que me sobrecarregue com essa resposta".

LENNOX
Isso bem poderia fazê-lo tomar precauções, mantendo a maior distância cujos meios possíveis sua sabedoria saiba fornecer-lhe. Que algum santo anjo voe à corte da Inglaterra e anuncie-lhe o recado antes de ele chegar, a fim de que uma bênção possa logo retornar a este nosso país sofredor sob tão amaldiçoada mão!

LORDE
Mandaria com ele minhas preces.

(*Saem.*)

QUARTO ATO

CENA I
Uma caverna. No meio, um caldeirão borbulhante. Trovões.

(*Entram as três feiticeiras.*)

PRIMEIRA FEITICEIRA
Três vezes o gato malhado miou.

SEGUNDA FEITICEIRA
Três e mais uma o porco-espinho gemeu.

TERCEIRA FEITICEIRA
Grita-nos a harpia: "É hora! É hora!".

PRIMEIRA FEITICEIRA
Demos voltas e voltas em torno do caldeirão, e nas entranhas envenenadas joguemos: sapo que trinta e um dias e noites, sob pedra fria, passou, de cujo suor um veneno soporífero se tirou, ferve tu primeiro no pote encantado.

TODAS
Redupliquemos, redupliquemos labuta e atenção; queime fogo e borbulhe caldeirão.

SEGUNDA FEITICEIRA
Filé de cobra do brejo ferve e cozinha; olho de salamandra, pé de rã e lagartixa, asa de morcego e língua de cão, dardo bifurcado de

víbora e aguilhão de cobra-de-vidro, perna de camaleão e asa de corujinha, para um feitiço de terrível inquietação, como um caldo do inferno, fervam e entrem em ebulição.

TODAS
Redupliquemos, redupliquemos labuta e atenção; queime fogo e borbulhe caldeirão.

TERCEIRA FEITICEIRA
Escama de dragão, presa de lobo, múmia de bruxa, bucho e goela do voraz tubarão dos mares salgados, raiz de cicuta à noite colhida, fígado de judeu blasfemo, bílis de bode e lascas de teixo talhadas no eclipse da Lua, nariz de turco e lábios de tártaro, dedo de bebê estrangulado no parto, parido no fosso por meretriz. Façamos uma papa grossa e viscosa, então as tripas de um tigre adicionemos aos ingredientes de nosso caldeirão.

TODAS
Redupliquemos, redupliquemos labuta e atenção; queime fogo e borbulhe caldeirão.

SEGUNDA FEITICEIRA
Esfriem com sangue de um babuíno, para o encanto ficar firme e genuíno.

(*Entram Hécate e outras três feiticeiras.*)

HÉCATE
Oh, parabéns! Louvo-lhes os esforços, e todas terão sua parcela dos ganhos. Agora, como gnomos e fadas, deem voltas ao redor do caldeirão e cantem de mãos dadas para encantar tudo que aí puseram.

(*Música e uma canção "Espíritos ocultos".*
Hécate se retira.)

SEGUNDA FEITICEIRA
Pela comichão de meu polegar, algo de perverso aproxima-se deste lugar. Abram-se trincos! Para quem quer que bata!

(Entra Macbeth.)

MACBETH
E agora, bruxas velhas do mistério, das trevas e da meia-noite, que fazeis?

TODAS
Uma ação sem nome.

MACBETH
Eu vos rogo, seja qual for a religião em que acreditais, não importa por que meio chegais a saber das respostas, respondei-me. Ainda que mandeis desencadear os ventos e fazê-los travar guerra com as igrejas. Mesmo que as ondas tempestuosas confundam os navegantes e soçobrem os navios. Embora venhais a arrancar as espigas de milho dos caules e tombar as árvores, ainda que as torres dos castelos desabem na cabeça dos guardas que os defendem, e apesar de os palácios e as pirâmides desabarem sobre suas fundações, embora todos os embriões do tesouro da natureza venham a perecer, e até mesmo a própria destruição venha a revelar-se farta de si mesma, respondei-me.

PRIMEIRA FEITICEIRA
Fala.

SEGUNDA FEITICEIRA
Pergunta.

TERCEIRA FEITICEIRA
Responderemos.

PRIMEIRA FEITICEIRA
Diz, preferes ouvi-lo de nossa boca ou da de nossos mestres?

MACBETH
Invocai-os, deixai-me vê-los.

PRIMEIRA FEITICEIRA
Derrama o sangue de uma porca que comeu seus novos leitões e na chama o atira com a gordura que gotejou da forca de um assassino.

TODAS
Aparece, de cima ou de baixo, mostra a ti mesmo e teu dever com destreza e esmero.

(*Trovão. Primeira aparição: eleva-se o espectro de uma cabeça, armada com capacete.*)

MACBETH
Diz-me, poder incógnito...

PRIMEIRA FEITICEIRA
Ele sabe o que pensas. Ouve suas palavras e nada digas.

PRIMEIRA APARIÇÃO
Macbeth, Macbeth, Macbeth! Cuidado com Macduff, cuidado com o barão de Fife! Dispensa-me. Basta.

(*Desce a aparição.*)

MACBETH
Quem quer que sejas, obrigado pelo teu bom aviso. Expressaste com precisão meu medo. Porém, mais uma palavra...

PRIMEIRA FEITICEIRA
Ele não se submete a ordens. Aí vem outro ainda mais poderoso que o primeiro.

(*Trovões. Segunda aparição: eleva-se o espectro de uma criança ensanguentada.*)

SEGUNDA APARIÇÃO
Macbeth, Macbeth, Macbeth!

MACBETH
Se eu tivesse três ouvidos, te ouviria.

SEGUNDA APARIÇÃO
Sê sanguinário, ousado e resoluto, e ri com desdém do poder do homem, pois nenhum nascido de mulher fará mal a Macbeth.

(*Desce a aparição.*)

MACBETH
Então, vive Macduff. Por que devo temer-te? Mas, ainda assim, quero em dobro segurança garantir, e manter um vínculo com o destino. Não viverás, para que eu possa dizer ao medo covarde que ele mente e dormir tranquilo apesar do trovão. (*Trovões. Terceira aparição: uma criança coroada, com uma árvore na mão.*) Que é isto que ascende como o herdeiro de um rei e usa na fronte pueril a coroa redonda da soberania?

TODAS
Escuta, mas não lhe dirijas a palavra.

TERCEIRA APARIÇÃO
Investe-te da bravura e do orgulho de um leão, e não ligues para quem te incomoda ou inquieta, nem para os lugares onde se encontram teus conspiradores. Macbeth só será vencido no dia em que contra ele a grande floresta de Birnam alcançar a elevada colina de Dunsinane.

(*Desce.*)

MACBETH
Isso jamais ocorrerá. Quem pode recrutar a floresta à força, ordenar às árvores que se desprendam da arraigada raiz na terra? Amáveis premonições, que bom! Rebelião alguma há de elevar a cabeça até que a floresta de Birnam se desloque, e nosso Macbeth, na grandeza do lugar que ocupa, viverá até expirar o prazo da expectativa de vida que a natureza lhe concedeu, e exalará seu último suspiro na ocasião de sua morte natural. No entanto, palpita-me o coração o desejo de saber uma coisa: dizei-me, se vossa arte até aí alcança, ocuparão algum dia os filhos de Banquo o trono do reino da Escócia?

TODAS
Nada mais procures saber.

MACBETH
Não, tereis de satisfazer-me. Se negardes este desejo, uma eterna maldição se abaterá sobre vós! Dizei-me. Por que afundais esse caldeirão, e que barulho é esse?

(*Toques de oboé.*)

PRIMEIRA FEITICEIRA
Aparecei!

SEGUNDA FEITICEIRA
Aparecei!

TERCEIRA FEITICEIRA
Aparecei!

TODAS
Aparecei aos olhos dele e atormentai-lhe o coração; mostrai-vos como sombras, e nessa forma desaparecei!

(*Um desfile de oito reis, o último com um espelho na mão; o espectro de Banquo segue-os.*)

MACBETH (*Ao primeiro.*)
És parecido demais com o espírito de Banquo. Desce! Tua coroa queima-me os olhos nas órbitas. (*Ao segundo.*) E teus cabelos, embora com outra fisionomia envolta em ouro, assemelham-se aos do primeiro. Agora vejo um terceiro rei que é a cara do que o antecede. Bruxas imundas, por que me mostrais isso? Mais um! O quarto! Fazeis-me esbugalhar os olhos! Como, essa fila se estenderá até o dia do Juízo Final? Ainda outro? O sétimo? Basta, não quero nada mais ver! No entanto, surge o oitavo com um espelho, através do qual surgem muitos mais. Noto que alguns portam orbes duplos e cetros triplos.[15] Que visão horrível! Agora constato ser verdade, pois Banquo, com os cabelos emaranhados com sangue, sorri-me e aponta-os como seus filhos. (*As visões desaparecem.*) Como, então isso é verdade!

PRIMEIRA FEITICEIRA
Sim, senhor, tudo é verdade. Mas por que isso deixa Macbeth assim tão cheio de estupor? Vamos, irmãs, animemos-lhe os ânimos e exibamos o melhor de nossos deleites. Encantarei o ar e de música o encherei, enquanto apresentais a fantástica ciranda, pois assim este poderoso rei pode dizer-nos amavelmente que realizamos nossos deveres para seus grandes prazeres.

(*Música. As bruxas dançam e em seguida desaparecem com Hécate.*)

MACBETH
Onde estão? Foram-se? Que esta perniciosa hora permaneça para sempre amaldiçoada no calendário! (*Chama alguém fora de cena.*) Entra, tu aí fora!

(*Entra Lennox.*)

---

[15] Orbes duplos que representam a Inglaterra e a Escócia. Cetros triplos, possivelmente a Inglaterra, a Escócia e a Irlanda.

LENNOX
Que desejais, Vossa Alteza?

MACBETH
Viste as irmãs feiticeiras?

LENNOX
Não, meu senhor.

MACBETH
Elas não passaram por ti?

LENNOX
Na verdade, não, milorde.

MACBETH
Infectado seja o ar em que cavalgam e malditos todos os que nelas confiam! Ouvi o galope de cavalos. Quem chegou?

LENNOX
Dois ou três mensageiros, milorde, que vieram informar-vos que Macduff fugiu para a Inglaterra.

MACBETH
Fugiu para a Inglaterra?

LENNOX
Sim, meu caro senhor.

MACBETH (*Fala à parte.*)
Tempo, antecipas-te aos meus temerosos feitos! Nunca se entende a fugitiva intenção, a não ser que com ela acompanhe a ação. Daqui em diante as primícias de meu coração também serão as de minha mão. E mesmo agora, para coroar-me as ideias com atos, na prática essas serão consumadas. Vou surpreender o castelo de Macduff e apoderar-me de Fife, matar com espada sua esposa, os filhos e

todas as infelizes almas desgraçadas que com ele se relacionam por linhagem. De nada vale jactar-me como um louco; empreenderei esta ação antes que esfrie a intenção. Chega de visões! (*A Lennox.*) Onde se encontram esses senhores? Conduz-me a eles.

(*Saem.*)

CENA II
Fife. Castelo de Macduff.

(*Entram Lady Macduff, seu filho e Ross.*)

LADY MACDUFF
Que foi que ele fez, para fugir da terra tão de repente?

ROSS
Precisas ter paciência, madame.

LADY MACDUFF
Ele nenhuma teve. Loucura essa fuga. Quando não o fazem nossas ações, nossos medos nos tornam traidores.

ROSS
Não sabes se foi por sabedoria ou por medo que ele partiu tão depressa.

LADY MACDUFF
Sabedoria? Abandonar a esposa, os filhos, a mansão, os títulos, num lugar de onde ele próprio foge? Não nos ama; carece de qualquer instinto protetor, pois o menor de todos os passarinhos, a carricinha, o menor de todos os pássaros, luta no ninho pelos filhotes contra a coruja. Todas as ações dele resultam do medo, nada do amor; quão pequena também se revela essa sabedoria, numa fuga assim precipitada contra toda razão.

ROSS
Minha cara prima, rogo que te controles. Quanto ao teu marido, ele é generoso, sensato, judicioso e sabe melhor dos eventos caóticos das circunstâncias atuais. Não ouso muito mais falar; cruéis, porém, mostram-se os tempos em que nos chamam de traidores e não nos julgamos sê-lo, quando ouvimos rumores baseados no que tememos, embora não saibamos o que recear, mas flutuamos à deriva, atirados de um lado para o outro, num mar bravio e violento. Bem, despeço-me de ti, mas não demorarei a voltar. Em algum momento, tudo, na melhor das hipóteses, cessará, ou mais uma vez se intensificará e retornará ao que era antes. Meu belo primo, que Deus te abençoe.

LADY MACDUFF
Pai ele tem, mas também não tem.

ROSS
Sinto-me tão fora de mim mesmo, que, se aqui permanecesse mais tempo, seria minha desgraça e teu desconforto. Bem, despeço-me de vez.

(*Sai.*)

LADY MACDUFF
Filho, teu pai morreu. Que será de ti agora? Como viverás?

FILHO
Como os pássaros, mãe.

LADY MACDUFF
Como! De vermes e moscas?

FILHO
Do que eu conseguir, quis dizer, assim fazem eles.

LADY MACDUFF
Pobre avezinha! Nunca temerá a rede, nem o visco para apanhar pássaros, nem laço e tampouco armadilha?

FILHO
Por que temeria? Não montam armadilhas para pássaros pobres. Meu pai não morreu, apesar do que disseste.

LADY MACDUFF
Sim, morreu. Que vais fazer sem pai?

FILHO
Não morreu; que vais fazer sem marido?

LADY MACDUFF
Ora, posso comprar vinte em qualquer feira.

FILHO
Então vais comprar para tornar a vendê-los.

LADY MACDUFF
Falas com muita inteligência, na verdade, bastante para tua idade.

FILHO
Mãe, meu pai foi um traidor?

LADY MACDUFF
Sim, é o que ele foi.

O FILHO
Que é um traidor?

LADY MACDUFF
Ora, alguém que jura e mente.

FILHO
Todos os que fazem isso são traidores?

LADY MACDUFF
Quem quer que assim proceda é traidor e merece ser enforcado.

FILHO
E precisam ser enforcados todos os que juram e mentem?

LADY MACDUFF
Todos.

FILHO
E quem os enforca?

LADY MACDUFF
Ora, os homens honestos.

FILHO
Então os mentirosos e os que juram são tolos, pois há bastantes mentirosos e homens que juram para derrotar os honestos e enforcá-los.

LADY MACDUFF
Que Deus te ajude, macaquinho. Mas, que farás sem pai?

FILHO
Se ele tivesse morrido, tu chorarias a morte dele. Se não choraste, seria um bom sinal de que logo eu teria novo pai.

LADY MACDUFF
Pobre tagarela, não para de falar!

(*Entra um mensageiro.*)

MENSAGEIRO
Deus vos abençoe, formosa dama. Embora não vos seja conhecido, instruíram-me tudo em relação à vossa atual condição. Lamento dizer-vos que certo perigo de fato aproximar-se-á muito em breve de vós. Se desejais aceitar o conselho de um homem simples, não deixeis que vos encontrem aqui, fugi logo deste lugar com vossos filhos. Por vos atemorizar assim, considero-me grosseiro demais. Porém, mais brutal seria permitir que sofrêsseis a crueldade que

muito perto de vós está prestes a chegar. Que o céu vos proteja! Não ouso permanecer aqui mais tempo.

(*Sai.*)

LADY MACDUFF
Para onde devo fugir, se mal algum cometi? Mas agora me lembro de que vivo neste mundo dos mortais, onde muitas vezes fazer o mal é digno de louvor e, em outras, julgou-se a prática do bem uma perigosa loucura. De que adianta, então, ai de mim, lançar mão dessa defesa feminina e alegar apenas que mal algum fiz... (*Entram os assassinos.*) Que caras são estas?

PRIMEIRO ASSASSINO
Onde está vosso marido?

LADY MACDUFF
Espero que em nenhum lugar tão profano onde os de tua espécie possam encontrá-lo.

PRIMEIRO ASSASSINO
Ele é um traidor.

FILHO
Tu mentes, vilão de cabelos emaranhados!

ASSASSINO
Como, seu ovo! (*Apunhala-o.*) Filhote de traição!

FILHO
Ele me matou, mãe, foge, eu te suplico! (*Morre.*)

(*Lady Macduff sai aos gritos de "Assassinato!", perseguida pelos assassinos.*)

CENA III
Inglaterra. Um salão no palácio do rei Eduardo.

(*Entram Malcolm e Macduff.*)

MALCOLM
Busquemos uma sombra desolada, e lá esvaziemos no pranto nossos tristes pesares.

MACDUFF
É melhor determos logo a espada assassina e como homens de coragem defendermos nossa pátria prestes a desmoronar. Cada nova manhã, novas viúvas lamentam, novos órfãos choram e novos pesares atingem a face do céu a ponto de fazê-lo ressoar, como se sofresse com a Escócia, e exalar intensos suspiros de dor.

MALCOLM
Pelo que creio, chorarei; acredito no que sei, e farei o que puder para corrigir quando o tempo oportuno encontrar. O que dissestes, talvez seja possível. Esse tirano, do qual apenas o nome nos fere a língua, outrora se fez passar por homem honesto. Vós o amastes; ele ainda não vos tocou. Sou jovem, mas, por me trairdes, talvez pudésseis dele ganhar algum mérito, e seria sensato nessa situação oferecer em sacrifício um pobre, fraco e inocente cordeiro, para aplacar um deus furioso.

MACDUFF
Não sou traidor.

MALCOLM
Mas Macbeth é. Uma natureza boa e virtuosa às vezes recua diante de uma ordem régia. Mas anseio pelo vosso perdão; minhas ideias sobre o que sois nem por isso mudarão. Embora Lúcifer, o mais brilhante dos anjos, haja caído, os anjos ainda brilham. Ainda que tudo de mais odioso se apresentasse sob a aparência da virtude, esta continuaria a ser o que sempre foi.

MACDUFF
Já perdi as esperanças.

MALCOLM
Talvez lá mesmo, onde encontrei minhas dúvidas. Por que deixastes tão de repente, sem vos despedir e em condições tão desprotegidas, vossa mulher e filhos, esses motivos de nossas ações, esses poderosos elos de amor? Rogo-vos que não interpreteis minhas suspeitas como afrontas a vós, mas apenas como salvaguardas para mim. Podeis ser perfeitamente honesto, não importa o que eu pense.

MACDUFF
Sangra, sangra, desgraçada pátria! Deita com firmeza tuas fundações, poderosa tirania, pois a bondade não ousa desafiar-te. Aproveita teus ganhos ilícitos; tens o título confirmado. Adeus, lorde. Não desejaria ser esse vilão que tu suspeitas que talvez eu seja nem por todo o espaço e tampouco pelo rico Oriente que se acham sob o domínio do tirano.

MALCOLM
Não vos ofendais; falo não por sentir absoluta desconfiança de vós. Penso que nosso país afunda sob o jugo; chora, sangra e a cada dia nele se acrescenta nova ferida às já abertas. Creio, além disso, que mãos se ergueriam em minha defesa; e aqui, do generoso rei da Inglaterra, recebi a oferta de bondosos milhares delas. Mas, apesar de tudo disso, depois que eu houver pisoteado a cabeça do tirano, ou fincá-la na ponta de minha espada, minha infeliz pátria haverá de ter mais vícios que antes e padecer outros sofrimentos, de maneiras mais variadas que nunca, sob o domínio daquele que o sucederá.

MACDUFF
Quem será esse?

MALCOLM
Refiro-me a mim mesmo, em quem conheço vários tipos de vícios tão enxertados que, quando vierem a manifestar-se, o negro

Macbeth parecerá branco como neve, e considerado pelo pobre Estado um cordeiro, comparado com minhas infinitas maldades.

MACDUFF
Nem nas legiões do hórrido inferno pode um diabo ser mais condenado por maldades que superem as de Macbeth.

MALCOLM
Admito que ele seja sanguinário, voluptuoso, avaro, falso, enganador, intempestivo, mau e desprenda laivos de todos os demais pecados. Mas minha luxúria não tem limite, nenhum. Vossas esposas, vossas filhas, vossas matronas, vossas donzelas não me poderiam encher a cisterna de luxúria, e meus desejos derrubariam todos os obstáculos aos quais se opuser. Melhor Macbeth que alguém como eu reinar.

MACDUFF
O descomedimento sem limites é a tirania da natureza humana, responsável pelo precoce vazio no nosso afortunado trono, com o assassinato de Duncan, e pela queda de muitos reis. Mas não temas apoderar-te do que já te pertence. Podes entregar-te a copiosos prazeres, e ainda parecer casto, o tempo podes enganar. Temos damas dispostas em profusão. E não podes guardar em ti mesmo uma voracidade capaz de devorar todas aquelas que virão oferecer-se de bom grado ao homem investido no cargo da suprema grandeza, assim que elas te descubram tão inclinado.

MALCOLM
Além disso, manifesta-se em minha natureza desordenada uma avareza tão insaciável que, fosse eu rei, mandaria matar os nobres, para apossar-me de suas terras, cobiçar suas joias, mansões, e, quanto mais eu possuísse mais isso seria como um tempero para aumentar minha fome, e me faria fomentar brigas injustas contra homens bons e leais, a ponto de destruí-los em busca de riqueza.

MACDUFF
Essa cobiça entranha-se mais fundo, lança raízes mais nocivas que a luxúria da juventude, e foi a ruína de nossos reis assassinados. Mas não temas, a Escócia tem riquezas suficientes para satisfazer a ganância de teus próprios bens monárquicos. Todos esses pecados são toleráveis comparados com outras virtudes.

MALCOLM
Mas nenhuma tenho! Das virtudes que convêm a um rei, como justiça, verdade, temperança, estabilidade, generosidade, perseverança, misericórdia, humildade, devoção, paciência, coragem, fortitude, não tenho traço algum, mas em compensação prolifero em todo tipo de delitos, os quais eu pratico de várias maneiras. Não, tivesse o poder, haveria de derramar o doce leite da harmonia no inferno, perturbar a paz universal e destruir toda a unidade na Terra.

MACDUFF
Ó Escócia! Escócia!

MALCOLM
Se semelhante homem merece reinar, dizei. Sou como vos descrevi.

MACDUFF
Merece reinar? Não, nem viver. Ó nação miserável, governada por um tirano usurpador de um cetro ensanguentado portador! Quando haverás de rever teus dias de saúde e prosperidade, quando, por admissão própria, o verdadeiro herdeiro do trono exclui-se ao amaldiçoar a si mesmo e blasfemar-lhe a casta? Teu augusto pai era um rei sacrossanto: a rainha, tua mãe, que ao mundo te trouxe, com mais frequência ajoelhada em oração que em pé, morria cada dia que vivia. Adeus! Os males que te atribuíste baniram-me da Escócia. Ó peito meu, tua última esperança aqui se desfaz!

MALCOLM
Macduff, esta nobre exibição, fruto da integridade, varreu-me da alma as sombrias suspeitas, além de reconciliar meus pensamentos

com vossa honra e boa-fé. O diabólico Macbeth, por meio de várias tramas semelhantes, tentou conquistar-me para apoiar seu poder, e a simples prudência impede-me da pressa demasiado crédula. Mas que apenas Deus trate dos acordos entre mim e vós! De agora em diante, entrego-me a vossa direção e retiro minha própria detração; aqui abjuro as máculas e acusações que me atribuí, como estranhas à minha natureza. Nunca estive com mulher, nem jamais fui desonesto, mal cobicei sequer o que me pertence e em momento algum violei minha fé, e tampouco trairia o demônio ao seu companheiro, regozijo-me tanto na vida quanto na verdade. Minhas primeiras palavras falsas até hoje foram as que há pouco expressei sobre mim. Ponho meu verdadeiro eu ao vosso comando e ao do meu sofrido país. De fato, aqui se encontravam, pouco antes de chegardes, o ancião Siward e dez mil guerreiros prestes a partirem prontos para a batalha. Agora iremos combater juntos, e que a chance de sucesso se iguale à desavença que acabamos de ter. Por que guardais silêncio?

MACDUFF
É difícil reconciliar ideias ao mesmo tempo tão desagradáveis e agradáveis.

(*Entra um médico.*)

MALCOLM
Bem; voltaremos a falar a respeito. (*Ao médico.*) Por favor, o rei vai aparecer?

MÉDICO
Sim, senhor, uma multidão de almas lamentáveis aguarda sua cura. A doença que as acomete supera os esforços da ciência. Mas ao toque dele, tal a santidade com que o céu dotou sua mão, elas logo se restabelecerão.

MALCOLM
Obrigado, doutor.

(*Sai o médico.*)

MACDUFF
A que doença ele se refere?

MALCOLM
Chamam-lhe "o mal do rei".[16] Obra muito miraculosa deste caridoso rei, a qual o vi realizar muitas vezes, desde minha estada na Inglaterra. Como roga os poderes do céu, só Sua Majestade sabe, mas ele cura pessoas acometidas de doenças estranhas, todas inchadas, ulceradas, uma visão lastimável e desespero da medicina, ao pendurar-lhes no pescoço uma medalha de ouro, enquanto acompanha o ato com santas preces; e dizem que transmitirá aos seus reis sucessores essa bênção de cura divina. Além dessa virtude estranha, ele tem um dom celestial de profecia, e as numerosas bênçãos que pairam acima de seu trono declaram-no cheio da graça de Deus.

MACDUFF
Vê, quem vem ali?

MALCOLM
Um compatriota, mas ainda não o conheço.

(*Entra Ross.*)

MACDUFF
Aqui sê bem-vindo, meu sempre gentil primo.

MALCOLM
Reconheço-o agora. Santo Deus, logo eliminaremos o meio que nos torna estranhos!

ROSS
Amém, senhor.

---

[16] Escrófula (infecção tuberculosa em gânglios linfáticos do pescoço). Chamava-se "mal do rei", porque ao rei Eduardo o Confessor se atribuía o poder de curá-la.

MACDUFF
A situação da Escócia continua a mesma?

ROSS
Ai, triste país, quase teme conhecer a si mesmo! Não podemos chamá-lo de pátria mãe, mas de sepultura. Onde ninguém a não ser, aquele que nada sabe sorri; onde se ouvem, porém não lhes dão mais importância, os suspiros, grunhidos e gritos lancinantes que varam o ar; onde a dor violenta parece uma loucura comum; onde o dobre fúnebre ressoa, sem quase ninguém perguntar por quem, e a vida de homens de bem expira antes de murchar-lhes a flor do chapéu, antes mesmo de eles morrerem ou adoecerem.

MACDUFF
Oh, relato muito acurado, mas muito verdadeiro!

MALCOLM
Qual o pesar mais recente?

ROSS
O que data de uma hora já faz sibilar o porta-voz; cada instante gera um novo pior.

MACDUFF
Como vai minha mulher?

ROSS
Ora, bem.

MACDUFF
E todos os meus filhos?

ROSS
Também.

MACDUFF
O tirano não lhes perturbou a paz?

ROSS
Não, deixei-os bem e em paz ao partir.

MACDUFF
Não sejas avaro de palavras. Como andam as coisas?

ROSS
Quando me dirigia ao vosso encontro para transmitir-vos essas notícias que tanto me pesavam, circulava um rumor de que muitos dos nossos dignos companheiros se haviam posto em ação, o que confirmei como verdadeiro, pois vi o exército do tirano em marcha. Chegou a hora de socorrermos. Vossa presença na Escócia criaria soldados, faria nossas mulheres lutarem, para livrar-se de tão terríveis aflições.

MALCOLM
Que lhes proporcione consolo saberem que logo partiremos para a Escócia. A generosa Inglaterra emprestou-nos o bravo Siward no comando de dez mil homens; não existe no mundo cristão soldado melhor e mais experiente.

ROSS
Quisera eu retribuir-vos esse consolo com um semelhante! Mas as palavras que tenho a proferir deveriam ser uivadas no ar deserto, onde a audição não as captasse.

MACDUFF
A que se relacionam? À causa pública? Ou a uma desgraça pessoal que talvez pertença a um só coração?

ROSS
Nenhuma alma honrada deixaria de partilhar essa dor, embora a parte principal te pertença.

MACDUFF
Se a mim pertence, não a omitas de mim por mais tempo, conta-me logo.

ROSS
Que teus ouvidos não me desprezem para sempre a língua, que os atingirei com o ruído mais doloroso que algum dia ouviram.

MACDUFF
Hum! Adivinho do que se trata.

ROSS
Atacaram de surpresa teu castelo e assassinaram brutalmente tua mulher e teus filhos. Relatar-te como foi seria acrescentar tua morte à pilha de inúmeras vítimas abatidas.

MALCOLM
Misericordioso céu! Como, homem! Tira o chapéu da cabeça; extravasa o sofrimento com palavras. A dor da perda não manifestada intensifica-se oculta no sobrecarregado coração e ordena-lhe que se rompa.

MACDUFF
Meus filhinhos também?

ROSS
Mulher, filhos, criados, todos que conseguiram encontrar.

MACDUFF
E eu tinha de estar longe de casa! Minha mulher também assassinada?

ROSS
Já te disse.

MALCOLM
Conforta-te! Busquemos numa grande vingança medicamentos para curar essa dor mortal.

MACDUFF
O tirano não tem filhos. Todos meus belos pequeninos? Disseste todos? Ó predador diabólico! Todos? Como, todos meus lindos passarinhos e sua mãe, liquidados de um só golpe?

MALCOLM
Vinga-te como homem.

MACDUFF
É o que farei, mas também preciso sentir-me como homem. Consigo apenas me lembrar de que esses entes amados eram tudo que havia de mais precioso para mim. O céu viu e não os defendeu? Pecaminoso Macduff, todos assassinados por tua causa! Perverso sou eu, não por deméritos deles, mas pelos meus, a morte abateu-se sobre suas almas. Que no céu descansem agora!

MALCOLM
Que isso seja a pedra de amolar de tua espada. Que tua dor se transforme em cólera, não te enfraqueça o ânimo, mas o enfureça.

MACDUFF
Oh, eu poderia fazer o papel de uma mulher com os olhos e o de fanfarrão com a língua! Mas, céu benévolo, abrevia todos os atrasos na ação, põe esse demônio da Escócia face a face comigo, coloca-o ao alcance de minha espada, se ele me escapar, que Deus também o perdoe.

MALCOLM
Agora te expressas como homem. Vem, vamos falar com o rei; nosso exército já se aprontou para partir, falta-nos apenas nos despedirmos. Macbeth está maduro para a queda, e os poderes acima se preparam para ajudar-nos em armas. Aceita tudo que pode reconfortar-te, é uma longa noite a que nunca chega ao dia.

(*Saem.*)

QUINTO ATO

CENA I
Dunsinane. No interior do castelo.

(*Entram um médico e a dama de companhia da rainha.*)

MÉDICO
Passei duas noites acordado, de vigília contigo, mas nada consigo perceber que confirme a verdade de teu relato. Quando aconteceu a última vez de ela andar assim?

DAMA DE COMPANHIA
Desde que Sua Majestade entrou em campanha, eu a vi levantar-se da cama, vestir o penhoar, destrancar a gaveta da escrivaninha, tirar uma folha de papel, dobrá-la, escrever algo, ler, depois selar a folha e mais uma vez retornar para a cama; durante todo o tempo em que faz isso, no entanto, ela permanece no mais profundo sono.

MÉDICO
Trata-se de uma grande perturbação da natureza receber ao mesmo tempo o benefício do sono e empreender ações como se estivesse acordada! Nessa sonâmbula agitação, além dessas caminhadas e outras atividades reais, que a ouviste dizer em algum momento?

DAMA DE COMPANHIA
Isso, senhor, não informarei a respeito dela.

MÉDICO
A mim, podes, não é incorreto informar a um médico, que precisa saber de tudo.

DAMA DE COMPANHIA
Nem a vós nem a ninguém, pois não tenho testemunha para confirmar minhas palavras. (*Entra Lady Macbeth com uma vela.*) Olhai, aí vem ela! Essa é sua rotina habitual, e, por minha vida, ferrada no sono. Observai-a, aproximai-vos mais.

MÉDICO
Onde conseguiu essa luz?

DAMA DE COMPANHIA
Ora, estava perto dela. Ordena que deixemos sempre luz perto de si.

MÉDICO
Vê, tem os olhos bem abertos.

DAMA DE COMPANHIA
Sim, mas a visão fechada.

MÉDICO
Que faz agora? Vê como ela esfrega as mãos.

DAMA DE COMPANHIA
Habituou-se a fazer esse gesto. Parece que ela quer lavar as mãos. Eu a vi fazê-lo sem parar durante um quarto de hora.

LADY MACBETH
Aqui ainda tem uma mancha.

MÉDICO
Ouve, ela fala! Vou anotar o que ela disser, para assegurar melhor a lembrança.

LADY MACBETH
Sai, mancha maldita! Sai, é uma ordem! Um... dois... ora, já é tempo de fazê-lo. O inferno é sombrio... Que vergonha, meu marido, que vergonha! Um soldado, e com medo? Por que precisamos ter medo de que saibam, quando ninguém poderá exigir que se prestem contas ao nosso poder absoluto? Mas quem poderia imaginar que o velho tinha tanto sangue dentro de si?

MÉDICO (*À dama de companhia.*)
Prestaste atenção no que ela disse?

LADY MACBETH
O barão de Fife tinha uma mulher; onde ela está agora? Como, estas mãos nunca ficarão limpas? Chega disso, meu marido, chega disso. Arruínas tudo com esses sobressaltos.

MÉDICO
Oh, não, que vergonha! Soubeste o que não devias.

DAMA DE COMPANHIA
Tenho certeza de que ela falou o que não deveria. Deus sabe o que ela soube.

LADY MACBETH
Aqui continua o cheiro de sangue. Todos os perfumes da Arábia não purificariam esta mãozinha. Ai! Ai! Ai!

MÉDICO
Que suspiro deu! Tem o coração gravemente sobrecarregado.

DAMA DE COMPANHIA
Eu não gostaria de ter no peito tal coração, pela dignidade do corpo inteiro.

MÉDICO
Bem, bem, bem.

DAMA DE COMPANHIA
Deus queira que assim seja, senhor.

MÉDICO
Essa doença foge à minha qualificação. No entanto, conheci sonâmbulos que morreram em total santidade em sua cama.

LADY MACBETH
Lava as mãos, veste o camisolão de dormir. Não fiques tão pálida. Repito-te mais uma vez que Banquo está enterrado, não pode sair da sepultura.

MÉDICO
Também esse?

LADY MACBETH
Para a cama, para a cama! Batem no portão. Vem, vem, vem, vem, dá-me a mão. O que está feito não pode ser desfeito. Para a cama, para a cama, para a cama!

(Sai.)

MÉDICO
E agora, ela vai para a cama?

DAMA DE COMPANHIA
Direto.

MÉDICO
Circulam terríveis e asquerosos rumores. De fato, ações desnaturadas geram distúrbios anormais; as mentes infectadas extravasam seus segredos nos surdos travesseiros. Mas ela necessita mais de clérigo que de médico. Deus, Deus, perdoai todos nós! Cuida dela, tira-lhe do alcance tudo que possa usar para causar automutilação, e fica de olhos em tua ama. Assim, boa noite. Ela deixou-me com a mente arrasada e a visão estupefata. Penso, mas não me atrevo a falar.

DAMA DE COMPANHIA
Boa noite, bom doutor.

(Saem.)

CENA II
O campo perto de Dunsinane. Tambores e bandeiras.

(Entram Menteith, Caithness, Angus, Lennox e soldados.)

MENTEITH
O exército inglês aproxima-se, comandado por Malcolm, seu tio Siward e o valoroso Macduff. A vingança arde neles, pois suas preciosas causas incitariam os mortos ao combate sangrento de desesperados.

ANGUS
Haveremos de encontrá-los perto da floresta de Birnam; vêm daquele lado.

CAITHNESS
Alguém sabe informar se Donalbain acompanha o irmão?

LENNOX
Com certeza, não, senhor; tenho uma relação de toda a pequena e alta nobreza, na qual o filho de Siward e muitos outros jovens imberbes apenas agora se tornam homens.

MENTEITH
Que faz o tirano?

CAITHNESS
Fortifica maciçamente o imponente castelo de Dunsinane. Alguns dizem que ele está louco; outros, que o odeiam menos, chamam isso de fúria destemida. Mas o certo é que Macbeth não consegue mais manter sob controle e ordem seu doentio governo.

ANGUS
Agora sente pegajosos nas mãos os crimes secretos que cometeu. A cada minuto revoltas condenam-lhe a violação da fé. Aqueles que ele comanda só se movem por tratar-se de ordens, não por afeto. Agora também sente o título de rei cobrir-lhe frouxo o corpo, como o manto de um gigante num ladrão anão.

MENTEITH
Quem, então, haverá de culpá-lo, quando os sentidos atormentados começam a recuar e esquivar-se, se tudo que nele existe se condena por ali estar?

CAITHNESS
Bem, marchemos para prestar obediência onde ela é verdadeiramente devida. Vamos ao encontro de Malcolm, o medicamento deste Estado doente, e com ele derramemos cada gota de nós na purificação de nossa pátria.

LENNOX
Ou apenas quanto ela precisar para orvalhar a flor soberana e afogar as ervas daninhas. Marchemos para Birnam.

(*Saem marchando.*)

CENA III
Dunsinane. Um aposento no castelo.

(*Entram Macbeth, o médico e acompanhantes.*)

MACBETH
Não me trazeis mais notícias; aos diabos com todos os barões que desertaram, pois enquanto a floresta de Birnam não deslocar-se até Dunsinane, o medo não poderá deslegitimar-me. E quanto ao menino Malcolm? Não nasceu de mulher? Os espíritos que conhecem o encadeamento de todas as causas e consequências mortais assim

me declararam: "Nada temas, pois nenhum homem nascido de mulher haverá de dominar Macbeth". Fugi, então, falsos barões, e misturai-vos aos epicuristas ingleses. Com a mente eu governo, e a coragem que tenho jamais sucumbirá com dúvida nem tremerá com medo. (*Entra um criado.*) Que o diabo te amaldiçoe e asse no fogo dos infernos até te tornar negro, vilão de cara pálida cremosa, seu tolo! Onde arranjaste essa aparência covarde?

CRIADO
É que são dez mil...

MACBETH
Gansos, vilão?

CRIADO
Soldados, senhor.

MACBETH
Vai arranhar-te o rosto e pintá-lo de vermelho para ocultar teu medo, fígado branco[17] de lírio! Que soldados, tolo? Morte de tua alma! Essas faces claras como linho são conselheiras do medo. Que soldados, cara de leite?

CRIADO
Com vossa permissão, os soldados ingleses.

MACBETH
Tira logo tua cara daqui. (*Sai o criado.*) Seyton! Dói-me o coração, quando contemplo... Seyton, ordeno que venhas! Essa iminente batalha vai aclamar-me rei para sempre ou destronar-me agora. Já vivi bastante tempo. O curso de minha vida chegou ao outono de folhas amarelas, e tudo o que acompanharia a velhice: honra, amor,

---

[17] Acreditava-se que o fígado era a fonte da coragem. Interpretava-se a brancura do órgão como uma prova de covardia.

obediência, inúmeros amigos não devo almejar possuir, mas, em vez disso, maldições, não ditas em voz alta, mas profundas, respeito fingido, hálito, as quais o infeliz coração de bom grado negaria, embora não ouse. Seyton!

(*Entra Seyton.*)

SEYTON
Que desejais saber agora?

MACBETH
Quais as outras novidades?

SEYTON
Tudo que vos relataram, milorde, foi confirmado.

MACBETH
Hei de lutar até que me arranquem toda a carne dos ossos. Dá-me a armadura. Vamos!

SEYTON
Ainda não é necessário.

MACBETH
Quero vesti-la já. Despacha mais homens montados para varrer todo o campo. Enforca os que manifestam medo. Vai buscar minha armadura. (*Ao médico.*) Como passa tua paciente, doutor?

MÉDICO
Não tão doente, milorde, mas atormentada por constantes visões e delírios que lhe têm impedido qualquer descanso.

MACBETH
Cura-a disso. Não podes tratar uma alma enferma, arrancar-lhe da memória um pesar enraizado, apagar da mente as angústias gravadas, e com um agradável antídoto de esquecimento aliviar

o peito que lhe oprime o coração, repleto da lembrança desses perigosos atos?

MÉDICO
Nisso, o paciente deve ser seu próprio médico.

MACBETH
Atira aos cães a medicina, não quero nada mais saber dela. Vamos, veste-me a armadura, dá-me a lança. Seyton, despacha-os logo. Doutor, os barões fogem de mim. Vamos, senhor, depressa! Se pudesses, doutor, examinar a água do meu reino, descobrir a doença, restaurá-la à saúde perfeita anterior, eu te aplaudiria direto aos ecos para que mais uma vez o aplaudissem. Ordeno-te que ponhas mais esta peça extra de armadura, Seyton. (*Ao médico.*) Que ruibarbo, que cimeira ou purgante rechaçariam esses ingleses daqui? Já ouviste falar deles?

MÉDICO
Sim, Majestade; vossos régios preparativos fazem-nos ouvir algo.

MACBETH
Não hei de ter da morte medo inane, se Birnam não vier a Dunsinane.

MÉDICO (*À parte.*)
Estivesse eu longe e livre de Dunsinane, paga alguma dificilmente me traria de novo para cá.

(*Saem todos.*)

CENA IV
Campo perto da floresta de Birnam.

(*Entram com tambores e bandeiras Malcolm, o velho Siward e seu filho, Macduff, Menteith, Caithness, Angus, Lennox, Ross e soldados marchando.*)

MALCOLM
Primos, creio que se aproxima o dia de nossas casas ficarem seguras.

MENTEITH
Não duvidamos de modo algum.

SIWARD
Que floresta é esta?

MENTEITH
É a de Birnam.

MALCOLM
Que cada homem corte um galho e o carregue diante de si; com isso haveremos de ocultar o número de nossas forças, além de induzir o comando militar inimigo a errar no cálculo de quantos somos.

SOLDADOS
Assim será feito.

SIWARD
Nada mais sabemos além de que o confiante tirano continua em Dunsinane, onde tentará resistir ao nosso cerco e ataque ao redor do castelo.

MALCOLM
Essa constitui toda a esperança dele, pois em todas as partes onde ele encontra a ocasião vantajosa, os grandes e pequenos revoltam-se

sob seu comando, e os que restam o servem apenas como combatentes coagidos, cujo coração também se encontra em outro lugar.

MACDUFF
Deixemos de lado as censuras que aguardam o desenrolar do verdadeiro acontecimento, empreendamos com empenho todos os recursos da arte militar para vencermos a batalha.

SIWARD
Aproxima-se o momento que nos dirá, com verdadeira precisão, o que ganhamos e o que devemos. Ideias especulativas nos distraem com suas esperanças hesitantes, mas apenas um desfecho seguro há de estabelecer qual a direção que a guerra tomará.

(*Saem marchando.*)

CENA V
Dunsinane. No interior do castelo.

(*Entram Macbeth, Seyton e soldados com tambores e bandeiras.*)

MACBETH
Içai os estandartes nas muralhas externas. O brado de guerra ainda é: "Chegam eles!". A orça de nosso castelo escarnece de um cerco de brinquedo como este. Que aí permaneçam até que a fome e a doença os liquidem. Se não se houvessem reforçado com os que do nosso lado deviam lutar, iríamos enfrentá-los destemidos cara a cara e os rechaçaríamos derrotados de volta para casa. (*Ouve-se ao fundo um grito de mulher.*) Que ruído foi esse?

SEYTON
Grito de mulher, meu bom senhor.

(*Sai.*)

MACBETH
Quase esqueci o gosto de temores: houve um tempo em que meus sentidos teriam gelado de medo ao ouvir um grito noturno lancinante, em que meus cabelos, diante de um relato funesto, se eriçavam e agitavam como se dotados de vida independente. Mas agora, depois que tanto me empanturrei de horrores, o pavor, presença íntima de meus pensamentos criminosos, não consegue sequer me assustar. (*Retorna Seyton.*) Que grito foi esse?

SEYTON
A rainha, meu senhor, acabou de morrer.

MACBETH
Oh, ela deveria morrer mais tarde; chegaria um momento adequado para semelhante notícia. Amanhã, amanhã, e amanhã, insinua-se nesse ritmo trivial dia após dia até a última sílaba do tempo registrado. Todos os nossos dias anteriores aos de hoje transcorreram apenas para aliviar, a nós, os idiotas, o caminho morte que se desfaz em pó. Extingue-te, extingue-te, breve luz! A vida não passa de uma sombra em movimento, parece um ator medíocre que se empertiga e exalta na hora que lhe cabe no palco e depois ninguém mais o ouve. Trata-se apenas de um conto narrado por um idiota, repleto de som e fúria, mas que nada significa. (*Entra um mensageiro.*) Se chegas para usar a língua, relata logo o que tens a dizer.

MENSAGEIRO
Meu augusto senhor, gostaria de informar-vos do que sei que vi, mas não sei como fazê-lo.

MACBETH
Então fala, senhor.

MENSAGEIRO
Enquanto montava guarda na colina, olhei em direção a Birnam, e, logo em seguida, pareceu-me que a floresta começou a mover-se.

MACBETH
Desgraçado mentiroso!

MENSAGEIRO
Que eu venha a padecer de vossa ira, se não for verdade, pois podeis vê-la avançando, à distância de três milhas[18] daqui. Afirmo: um bosque em movimento.

MACBETH
Se teu relato for falso, serás pendurado vivo na primeira árvore até morreres de fome. Se tu dizes a verdade, não me importa que faças o mesmo comigo. Decresço em determinação e começo a duvidar da ambiguidade do demônio que mente ao mesmo tempo em que diz a verdade. "Nada temas até a floresta de Birnam chegar ao castelo de Dunsinane." E agora um bosque avança em direção a nós! Às armas, às armas, saiamos e ataquemos! Se o que ele jura de fato surgir, não há como fugir nem vale a pena perder mais tempo aqui. O sol começa a extenuar-me, e eu desejaria que se desmantelasse agora a ordem do mundo. Tocai os sinos de alarme! Soprai, ventos! Vem, ruína! Ao menos morrerei com a armadura nas costas.

(*Saem todos.*)

CENA VI
Dunsinane. Campo próximo ao castelo. Tambores e bandeiras.

(*Entram Malcolm, o velho Siward, Macduff e o exército deles, com galhos de árvores.*)

MALCOLM
Agora que chegamos bastante perto, jogai por terra vossos anteparos de folhas e mostrai-vos como sois. Vós, meu digno tio, com

---

[18] Uma milha corresponde a, aproximadamente, 1,6 quilômetro.

vosso valoroso e virtuoso filho, meu bom primo, comandareis nosso primeiro batalhão. O bravo Macduff e nós nos encarregaremos dos demais e do que ainda nos resta fazer, segundo tuas ordens.

SIWARD
Adeus. Se enfrentarmos as forças do tirano ainda esta noite, que sejamos derrotados se no combate fraquejarmos.

MACDUFF
Fazei soar todas nossas trombetas, dai-lhes sopro a plenos pulmões, a esses arautos de sangue e morte.

(*Saem todos, continuam toques de trombetas.*)

CENA VII
Dunsinane. Campo diante do castelo. Toques de alarme.

(*Entra Macbeth.*)

MACBETH
Agrilhoaram-me ao poste; não posso fugir, mas, como o urso,[19] devo lutar até o fim. Quem é o homem que não nasceu de mulher? Só a esse hei de temer, ninguém mais, porém.

(*Entra Siward, filho.*)

O JOVEM SIWARD
Como te chamas?

---

[19] Diversão popular na Inglaterra do século XVI ao XIX, em que se soltavam e instigavam cães de caça a atacar um urso agrilhoado pela pata ou pescoço, que eram substituídos quando cansados, feridos ou mortos. Em 1835, pela Lei de Crueldade aos Animais, o Parlamento britânico proibiu essa prática em todo o império.

MACBETH
Ficarias apavorado se eu te dissesse.

O JOVEM SIWARD
Não, ainda que tivesses um nome mais endiabrado que o de todos que estão no inferno.

MACBETH
Eu me chamo Macbeth.

O JOVEM SIWARD
Nem o próprio diabo poderia pronunciar um nome mais odioso aos meus ouvidos.

MACBETH
Não, nem mais temível.

O JOVEM SIWARD
Oh, mentes, tirano abominável. Com esta espada vou provar como és mentiroso.

(*Combatem; o jovem Siward é morto.*)

MACBETH
Tu foste parido por mulher, mas sorrio de espadas, rio com desdém de armas, quando brandidas pelos que nasceram dessa maneira.

(*Sai.*)

(*Toques de alarme. Entra Macduff.*)

MACDUFF
Vem dali o barulho. Mostra tua cara, tirano! Se já caíste morto, sem nenhum golpe de minha espada desferido, pelos fantasmas de minha mulher e filhos para sempre serei perseguido. Não posso atacar desgraçados mercenários irlandeses da infantaria ligeira,

cujos braços são contratados para portarem lanças, apenas pelo dinheiro que lhes pagam. Ou te mato, Macbeth, ou mais uma vez embainho minha espada, incólume e sem serventia. Deves estar ali. Parece anunciar-se, por esse retumbante clangor, um guerreiro de notável valentia. Permite-me encontrá-lo, Destino! E nada mais te peço.

(*Sai. Clangores de espadas.*)

(*Entram Malcolm e Siward pai.*)

SIWARD
Por aqui, meu senhor, o castelo e os cortesãos entregaram-se sem nenhuma resistência. De ambos os lados da luta guerreiam os homens do tirano. Os nobres barões combatem bravamente na batalha. O dia quase se declara a vosso favor, e pouco resta a fazer.

MALCOLM
Encontramos inimigos que combatiam do nosso lado.

SIWARD
Entremos, senhor, no castelo.

(*Saem. Toques de alarme.*)

CENA VIII
Castelo de Dunsinane.

(*Retorna Macbeth.*)

MACBETH
Por que devo agir como um dos antigos romanos e morrer por minha própria espada? Enquanto inimigos meus estiverem vivos, prefiro ver minha espada abrir ferimentos neles que em mim.

(*Entra Macduff.*)

MACDUFF
Meia-volta, cão do inferno, vira-te e encara-me!

MACBETH
Dentre todos os homens só a ti evitei. Mas vai embora agora, já tenho a alma carregada do sangue dos teus.

MACDUFF
Não tenho palavras a dizer-te, minha espada falará por mim. És um cruel sanguinário que ultrapassa minha capacidade de expressar por meio de linguagem!

(*Digladiam-se.*)

MACBETH
Perdes teus esforços. Melhor farias tentar apunhalar o ar impalpável com tua certeira espada do que com ela me fazeres sangrar. Que tua lâmina se abata sobre penachos vulneráveis. Levo uma vida enfeitiçada, a qual não pode ser terminada por ninguém nascido de uma mulher.

MACDUFF
Perde a esperança de teu encantamento, e que o espírito mau do anjo a que sempre serviste declare-te que não fui parido por minha mãe. Retiraram-me dela ainda prematuro por um corte cesariano.[20]

MACBETH
Amaldiçoada seja tua língua por me dar semelhante informação, pois me acovardou a melhor parte do homem que sou! Que não acreditemos jamais nesses demônios trapaceiros que nos confundem com jogos de palavras ambíguos, os quais garantem as promessas que nos fazem aos ouvidos, elevam-nos grandes esperanças, para depois as destruírem. Não digladiarei contigo.

---

[20] Do latim *caesar*, "o que veio ao mundo por meio de incisão".

MACDUFF
Então, rende-te, covarde, e vive, para seres o centro de atenção do maior espetáculo de aberrações de todos os tempos. Mandaremos exibir-te, como se fazem aos nossos monstros mais raros, e pendurar um retrato pintado teu num poste, e logo abaixo o anúncio com as seguintes palavras: "Vinde todos ver aqui o tirano!".

MACBETH
Não vou render-me e ter de beijar a terra diante dos pés do jovem Malcolm, nem ser ridicularizado pela plebe com a maldição da coroa. Embora a floresta de Birnam viesse de fato a Dunsinane, e tu, que contra mim combates, não tivesses sido parido de mulher, lutarei até o fim. Cubro a frente do meu corpo com meu escudo guerreiro e batalho contigo. Vem, enfrentemo-nos, Macduff! E que amaldiçoado seja o primeiro de nós que gritar: "Para, basta!".

(*Saem em combate.*)

Trombetas e clangores de batalha. A trombeta de
um exército ressoa um toque de retirada.
A do outro, um grito de vitória.

(*Tornam a entrar os dois em combate, e Macbeth é morto.
Sai Macduff, com o corpo de Macbeth.*)

CENA IX
Retirada. Sons de corneta.

(*O exército vitorioso retorna, liderado por Malcolm, Siward pai, Ross, Lennox, Angus, Caithness, Menteith, os outros barões e os soldados com tambores e bandeiras.*)

MALCOLM
Eu gostaria que todos os amigos que se acham ausentes estivessem salvos.

SIWARD
Alguns sempre haverão de perecer. No entanto, a julgar pelos muitos soldados que vejo ao redor, esse glorioso dia de vitória não nos foi tão oneroso.

MALCOLM
Faltam Macduff e também vosso nobre filho.

ROSS
Vosso filho, meu lorde, pagou a dívida de um soldado. Viveu apenas até tornar-se homem, que logo provou ser, pois teve suas proezas confirmadas na destemida e inflexível posição em que ele lutou, e como homem tombou.

SIWARD
Então ele morreu?

ROSS
Sim, e já o retiraram do campo de batalha. Não avalieis a imensidão de vossa dor, causada pela perda, pelos méritos de vosso filho, porque então ela não terá fim.

SIWARD
Feriram-no pela frente?

ROSS
Sim, pela frente.

SIWARD
Pois então, soldado de Deus seja ele! Tivesse eu tantos filhos quantos fios de cabelo, não lhes desejaria, a nenhum, morte mais bela. E por isso fazem ressoar o dobre fúnebre. E que tudo se encerre aqui.

MALCOLM
Merece mais vinte perdas do inimigo, e essas, providenciarei.

SIWARD
Nada mais merece: dizem que partiu bem e pagou o que devia. E assim que Deus esteja com ele! Aí nos chegam novos motivos de consolo.

(*Retorna Macduff, com a cabeça de Macbeth.*)

MACDUFF
Salve, rei, pois tu és. Olha, aqui trago a maldita cabeça de Macbeth. Estamos livres de sua tirania. Vejo-te cercado pelas pérolas dos homens honrados de teu reino, e todos pensam o mesmo que eu no fundo do coração. Quero que juntem bem alto suas vozes à minha celebração nesta jubilosa aclamação: Viva o Rei da Escócia!

TODOS
Viva o Rei da Escócia!

(*Toques de trombetas.*)

MALCOLM
Não haverei de deixar transcorrer tempo demais antes de fazer as contas devidas ao vosso afeto e serviços individuais prestados à pátria, para ficar quite convosco. Meus barões e primos, de agora

em diante passais a ser condes, os primeiros que em todos os tempos a Escócia viu honrados com esse título. Quanto resta para fazer e que será plantado, segundo as próprias condições do tempo: como o repatriamento dos amigos que para longe foram, porque tiveram de fugir das malhas da vigilante tirania; o julgamento dos cruéis ministros do carniceiro morto e sua esposa tão infernal quanto ele e que, segundo consta, pôs termo à vida com violência, por suas próprias mãos: tudo isso e quanto mais ainda for preciso fazer pela graça divina, realizaremos no tempo oportuno e no lugar certo. Assim, agradeço a todos e convido cada um de vós a vir a Scone e me ver coroado.

(*Saem todos aos sons de corneta.*)

CONTINUE COM A GENTE!

- Editora Martin Claret
- editoramartinclaret
- @EdMartinClaret
- www.martinclaret.com.br

Impressão e Acabamento
Bartiragráfica
(011) 4393-2911